中国社会科学院创新工程学术出版资助项目

居安思危·世界社会主义小丛书

马克思的社会主义观

石镇平◎著

社会科学文献出版社

SOCIAL SCIENCES ACADEMIC PRESS (CHINA)

居安思危·世界社会主义小丛书
编 委 会

我们愿做报春鸟

——"居安思危·世界社会主义小丛书"总序

中国社会科学院原副院长

世界社会主义研究中心主任、研究员

李慎明

"居安思危·世界社会主义小丛书"既是中国社会科学院世界社会主义研究中心奉献给广大读者的一套普及科学社会主义常识的理论读物，又是我们集中院内外相关专家学者长期研究、精心写作的严肃的理论著作。

为适应快节奏的现代生活，每册书的字数一般限定在4万字左右。这有助于读者在工作之余或旅行途中一次看完。从2012年到2022年这十年间，这套小丛书争取能推出100册左右。

这是一套"小"丛书,但涉及的却是国内外重大的理论问题和现实问题。主要介绍科学社会主义基本理论及重要观点的创新,国际共产主义运动中重大历史事件和重要领袖人物(其中包括反面角色),各主要国家共产党当今理论实践及发展趋势等,兼以回答人们心头常常涌现的相关疑难问题。并以反映国外当今社会主义理论与实践为主,兼及我国的革命、建设和改革开放事业。

从一定意义上讲,理论普及读物更难撰写。围绕科学社会主义特别是世界社会主义一系列重大理论和现实问题,在极有限的篇幅内把立论、论据和论证过程等用通俗、清新、生动的语言把事物本质与规律讲清楚,做到吸引人、说服人,实非易事。这对专业的理论工作者无疑是挑战。我们愿意为此做出努力。

目前这场正在深化的国际金融危机的总根源,就是东欧剧变和苏联亡党亡国之后全球范围内贫富两极的急遽分化。国际金融危机已经整整十个年头。但在笔者看来,再过八年、十年,国际金融危机也走不出去。这主要是因为以互联网+人工智能等为代表的新的高科技革命和新的生产工具的诞生和发展,极大地提高了全球范围内的社会生产力,但同时也加剧全球范围内的财富占有和收入分配的贫富两极分化。这正如马克思所强调:在资本主义社会,"文明的一切进步,或者换句话说,社会生产力(也可以说劳动本身的生产力)的任何增长,——例如科学、发明、劳动的分工和结合、交通工具的改善、世界市场的开辟、机器等等,——都不会使工人致富,而只会使资本致富"。① 这也就是说,在资本主义生产关系框架之内,从总体和本质上说,资本与劳动的各自致富,是一个跷跷板的两头,绝不可能是共富。资本愈是富有,广大劳动群众则必然愈是贫穷;广大劳动群众愈是贫穷,社会的有效需求则必然是愈加减少;以美国为首的西方资本主义世界所主导的经济全球化,必然使全球范围内广大民众愈加贫穷,社会的相对需求急遽减少。我们还可以做出这样的预言,在未来二三十年内,在全球范围内,大量的智能机器人会更多地挤占现有的人工工作岗位,无人工厂会雨后春笋般地在世界各地涌现。这一进程,可能要比我们常人所想象得还要快得多;其覆盖面,可能比

---

① 《马克思恩格斯全集》第 46 卷上册,人民出版社,1979,第 268 页。

我们常人想象得还要更为广阔。但资本都不雇佣工人了，普通百姓都没有工资了，谁来购买这些物美价廉的产品呢？各垄断资本集团之间追寻高额利润的残酷竞争——引发新的高新科技发展特别是智能机器人的普及——导致新的工人大量失业——社会相对需求减少——引发更多工厂破产和工人失业——加剧减少新的社会相对需求——进一步触发新的工厂的破产。以上铁的逻辑必然形成一轮又一轮的恶性循环，不断加剧全球范围内的贫富两极分化。2008年爆发的国际金融危机本质上是资本主义的经济、政治和文化价值观的全面危机，是高度发达的社会生产力即生产社会化乃至生产全球化与现存的生产关系即生产资料被极少数私人占有这一资本主义基本矛盾的一次总爆发。历史已经反复证明，这一基本矛盾在资本主义生产关系的框架内根本无法摆脱。随着这一矛盾的不断发展和深化，可以断言，更大的金融灾难必将在紧随其后的一些年内接连爆发。

凭栏静听潇潇雨，世界人民有所思。这场危机推动着世界各国、各界特别是发达国家和广大发展中国家的普通民众开始进一步深入思考。可以说，又一轮人类思想大解放的春风已经起于青蘋之末。然而,春天到来往往还会有"倒春寒";在特定的条件下,人类社会也有可能还会遇到新的更大的灾难,世界社会主义还有可能步入新的更大的低谷。但我们坚信,大江日夜逝,毕竟东流去,世界社会主义在本世纪中叶前后,极有可能又是一个无比灿烂的春天。我们这套小丛书,愿做这一春天的报春鸟。

沧海横流,方显英雄本色。目前,中国各族人民正更加紧密地团结在以习近平同志为核心的党中央周围,在马克思列宁主义、毛泽东思想和中国特色社会主义理论体系特别是习近平新时代中国特色社会主义思想指引下,沉着、坚定地迈向无比美好的未来。我们对中国共产党和社会主义的中华人民共和国充满无限美好的信心。

现在,各出版发行企业都在市场经济中弄潮,出版社不赚钱决不能生存。但我希望我们这套小丛书每册定价不要太高,相关方面在获取应得的适当利润后,让普通民众买得起、读得起才好。买的人多了,薄利多销,利润也就多了。这是常识,但有时常识也需要常唠叨。

敬希各界对这套丛书进行批评指导，同时也真诚期待有关专家学者和从事实际工作的各级领导及各方面的人士为我们积极撰稿、投稿。我们选取稿件的标准，就是符合本丛书要求的题材、质量、风格及字数。

2018 年 5 月 5 日

目录 | Contents

一　什么是社会主义？

究竟什么是社会主义，目前在这个问题上理论界有各种各样的说法。有人认为"民主社会主义才是马克思主义的正统"，提出"只有民主社会主义才能救中国"；还有人提出"社会主义就是普遍幸福主义""人民社会主义""充分的社会保障就是社会主义""价值社会主义""功能社会主义"，等等。各说各的社会主义，最后究竟什么是社会主义也越来越说不清了。为了彻底弄清楚这个问题，我们有必要重新回到马克思，看看马克思说的究竟是什么样的社会主义，马克思的社会主义和我们今天的社会主义究竟是一种什么关系。

（一）马克思讲的是什么样的社会主义？

在马克思恩格斯那里，他们自始至终认为，在无产阶级夺取政权以后，将会首先经历一个过渡时期，然后进入共产主义。早在《共产党宣言》中，他们就提出了过渡时期的十条措施。在1875年的《哥达纲领批判》中，马克思进一步把共产主义社会划分为"共产主义社会第一阶段"

和"共产主义社会高级阶段";当然这并不意味着未来的共产主义社会就只有这两个阶段，而是说：即使是未来的共产主义社会，也将是一个由低级到高级的逐步发展过程。马克思关于共产主义社会两阶段的划分实际上是他的唯物史观在社会发展阶段问题上的进一步体现。这样一来，实际上，在马克思恩格斯看来，在无产阶级夺取政权之后，将依次经历这样大致三个阶段，即过渡时期、共产主义社会第一阶段、共产主义社会高级阶段。

这里需要说明，在马克思恩格斯那里，"社会主义"与"共产主义"两个词基本上是同义语，二者在科学上是没有什么差别的。也就是说，在马克思主义创始人看来，社会主义也就是共产主义，共产主义也就是社会主义，根本不存在像我们今天这样把"共产主义第一阶段"叫作"社会主义"，而把"共产主义高级阶段"叫作"共产主义"的情况；在国际共产主义运动的历史上，把"共产主义第一阶段"叫作"社会主义"，而把"共产主义高级阶段"叫作"共产主义"大致是从列宁前后才开始的。

那么，既然这样，为什么马克思主义创始人要使用两个不同的概念来表示同样的意思呢？这是因为，在马克思恩格斯那里,社会主义与共产主义这两个词的使用有个历史的演变过程。北京大学赵家祥、丰子义教授曾经对此做过说明①,笔者在参考和吸收其部分思想成果的基础上把这个过程大致概括为以下三个阶段:(1)在《1844年经济学哲学手稿》这样的早期著作中,马克思把社会主义作为理想的社会制度;而共产主义则是一种运动,是实现社会主义的一个必经的环节。所以,在他看来,人们不应满足于进行共产主义运动,而应该通过共产主义运动而又克服它的局限性,超越共产主义这个环节而实现社会主义。(2)到了1847年,马克思对未来社会名称的使用情况发生了变化。他不仅不再把社会主义社会看作人类发展的目标和人类社会的形式,而且摒弃"社会主义"这个名称。比如,在《共产党宣言》中,马克思恩格斯处处把自己称为共产主义者而不称为社会主义者,把未来社会称为共产主义社会而不称为社会主义社会,把《共产党宣言》实际上称为"共产主义者宣言"而不是"社会主义者

① 赵家祥、丰子义:《马克思东方社会理论的历史考察和当代意义》,高等教育出版社,2002,第263~268页。

宣言"。对此,恩格斯在为《共产党宣言》写的《1888 年英文版序言》和《1890 年德文版序言》中都做了说明。他指出:"在 1847 年,所谓社会主义者是指两种人。一方面是指各种空想主义体系的信徒,特别是英国的欧文派和法国的傅立叶派,这两个流派当时都已经缩小成逐渐走向灭亡的纯粹的宗派。另一方面是指形形色色的社会庸医,他们想用各种万应灵丹和各种补缀办法来消除社会弊病而毫不伤及资本和利润。这两种人都是站在工人运动以外,宁愿向'有教养的'阶级寻求支持。……在 1847 年,社会主义意味着资产阶级的运动,共产主义则意味着工人的运动。当时,社会主义,至少在大陆上,是上流社会的,而共产主义却恰恰相反。"①(3)在《1848 年至 1850 年的法兰西阶级斗争》中,马克思在批判了无政府主义的社会主义、资产阶级的社会主义、小资产阶级的社会主义、空想的社会主义等各种社会主义流派以后,把自己的社会主义理论叫作革命的社会主义。自此以后,马克思就把代替资本主义社会的未来社会,既称作社会主义社

① 《马克思恩格斯选集》第 1 卷,人民出版社,1995,第 264 页。

会,又称作共产主义社会,社会主义和共产主义这两个词就基本上成为同义语。综上所述,可以看出,在马克思恩格斯那里,关于社会主义的看法有一个发展过程,但在他们的思想成熟时期,社会主义与共产主义这两个词在科学上是没有什么差别的。

这样一来,由于马克思关于共产主义社会两个阶段的划分,实际上,向共产主义社会过渡就是向共产主义社会第一阶段过渡的意思,向共产主义社会过渡不可能跳过共产主义第一阶段而直接进入共产主义高级阶段,这是基本的常识。现在的问题是:究竟达到什么样的条件才算是进入了共产主义社会第一阶段(后来人们普遍把共产主义第一阶段称为社会主义)呢? 这个问题才是我们最为关心的。

这里的关键是马克思恩格斯究竟怎样看待未来的共产主义社会呢?

首先应当说明,马克思恩格斯历来非常反对对未来社会做详细具体的描述,在他们看来,对未来社会描述得越详细,越是陷入空想。这里所体现的正是他们对待未来社会的科学态度。但是,这绝不是说,关于未来共产主义社会第一阶段,马克思恩格斯自己也说不清楚;而实际上,关于未来社会的基本特征,在马克思主义创始人的头脑中一直是很清楚的。

马克思所说的共产主义社会第一阶段的基本特征,即马克思的社会主义观①,最重要的有以下三个方面。

1. 生产资料社会所有制

马克思所说的未来共产主义第一阶段的生产资料所有制是社会所有制。所谓社会所有制,即劳动者在全社会的范围内联合起来对生产资料和劳动产品的共同占有,也就是说,劳动者就是所有者,所有者也就是劳动者,劳动者与所有者已经合而为一了。换句话说,就是人与人之间在生产资料的占有关系上已经没有任何区别,既不存在这个企业和那个企业的区别,也不存在企业内部老板和雇工的区别。

社会所有制也就是我们今天经常谈到的公有制,但是马克思恩格斯所说的社会所有制根本不同于后来社会

---

① 参见智效和《辩证马克思的社会主义观》,《经济科学》2002 年第 4 期。

主义实践中出现的全民和集体两种形式并存的社会主义公有制，更不是现在人们所说的"公有制的多种实现形式"。他们曾经批评杜林的"经济公社"模式，其实杜林并未主张搞私有制。杜林所说的"经济公社"实际上也就相当于我们今天所说的集体所有制。他设想：在全国建立起无数个经济公社，同时为了平衡各个经济公社之间的利益再设立一个"全国性的商业组织"。即使如此，马克思恩格斯仍然对杜林进行了批评，指出"经济公社"这种所谓的社会主义公有制模式是企图保留资本主义，因为在这种"经济公社"模式下"人仍旧要服从于竞争"。①

马克思恩格斯也的确讲过无产阶级夺取政权后可以利用合作社来改造农民，但都指的是过渡时期，而并非未来的共产主义社会（包括共产主义第一阶段）。他们也的确曾经把合作社同共产主义联系在一起，比如马克思在《法兰西内战》中指出："如果合作制生产不是一个幌子或一个骗局，如果它要去取代资本主义制度，如果联合起来的合作社按照共同的计划调节全国生产，从而控制全国

① 《马克思恩格斯选集》第 3 卷，人民出版社，1995，第 639 页。

生产,结束无时不在的无政府状态和周期性的动荡这样一些资本主义生产难以逃脱的劫难,那么,请问诸位先生,这不是共产主义、'可能的'共产主义,又是什么呢?"①其实,这里的"联合起来的合作社"已经不是合作社,而是劳动者在全国范围内联为一体的公有制。他们之所以既看重合作社在过渡时期的作用,又不把合作社当作未来共产主义社会的所有制,这是因为合作社虽然在内部可以消除雇佣剥削关系,但在外部仍然不得不服从于商品生产和竞争的规律,结果还是会"到处都再生产出并且必然会再生产出现存制度的一切缺点"。② 时下还有人把股份制混同于马克思的社会所有制。其实,现阶段应不应该实行股份制是一回事,而股份制究竟属于什么性质则是另一回事。在马克思恩格斯看来:"资本主义的股份企业,也和合作工厂一样,应当被看作是由资本主义生产方式转化为联合的生产方式的过渡形式"。③

不过这里要指出,马克思所说的社会所有制的实现

<hr>

① 《马克思恩格斯选集》第3卷,人民出版社,1995,第59~60页。
② 《马克思恩格斯全集》第25卷,人民出版社,1974,第498页。
③ 《马克思恩格斯全集》第25卷,人民出版社,1974,第498页。

是有条件的,这个条件就是生产力的高度发达和社会物质财富的极大丰富。就是说,马克思所说的社会所有制的实现是以生产力的充分发展为前提的,而绝不是那种不顾生产力的实际水平、单纯依靠生产关系的变革所能达到的。

这里还要指出:在马克思恩格斯看来,共产主义社会第一阶段和高级阶段都是社会所有制;因为在《哥达纲领批判》中,马克思虽然区分了共产主义社会两阶段,区分了两阶段不同的分配方式,但并没有区分两阶段的所有制。

2. 无商品货币关系

按照马克思恩格斯的逻辑,由于共产主义社会第一阶段已经实现了生产资料的社会所有制,人们同生产资料的关系已经不存在任何差别,劳动产品也不再通过价值的形式表现为商品,而直接成为人们的消费品,所以商品消失了,作为商品交换中介的货币自然也随之消失了。因此商品生产和商品交换自然也就不存在了。

马克思曾经批判蒲鲁东、杜林之流企图永远保留商品生产的小资产阶级社会主义观。蒲鲁东和杜林等人幻想有不使资本主义介入的纯粹的商品生产，他们既要永远保留商品生产，又不想要资本主义剥削这个后果，既想保留资本主义的基础，又想消除资本主义的弊端，这在马克思看来是根本不可能的。马克思指出："说雇佣劳动的介入使商品生产变得不纯，那就等于说，商品生产要保持纯粹，它就不该发展。商品生产按自己本身内在的规律越是发展成为资本主义生产，商品生产的所有权规律也就越是转变为资本主义的占有规律。"①马克思无情地讽刺说："蒲鲁东把永恒的商品生产所有权规律同资本主义所有制对立起来，想以此来消灭资本主义所有制，对他的这种机智不能不感到惊讶！"②因此那种借口现阶段仍然存在商品货币关系就断言马克思的社会主义是空想（据说理由是马克思没有预料到社会主义仍然存在商品经济）的观点，以及把商品经济看作永恒的观点，都是根本站不住脚的。

在马克思恩格斯看来，在共产主义社会（包括它的第

---

① 《马克思恩格斯全集》第 23 卷，人民出版社，1972，第 644 页。
② 《马克思恩格斯全集》第 23 卷，人民出版社，1972，第 644 页。

一阶段),不仅消灭了商品生产和商品交换,而且必然要求实行计划经济,这是同一个问题的两个方面。消灭商品生产和实行计划经济都是实行社会所有制的必然结果。正如恩格斯在《反杜林论》中所指出的那样:"一旦社会占有了生产资料,商品生产就将被消除,而产品对生产者的统治也将随之消除。社会生产内部的无政府状态将为有计划的自觉的组织所代替。"①因此计划经济是以社会所有制为基础的,是与社会所有制须臾不可分离的。也就是说,消灭私有制与消灭商品经济、实行计划经济之间的关系是内在统一的。马克思之所以在主张消灭私有制的同时强调必须实行计划经济,正是因为只有计划经济才能在全社会范围内科学合理地组织劳动。随着生产社会化的不断扩大,不仅要求企业内部科学合理地组织劳动,而且要求在全社会范围内科学合理地组织劳动。对于前者,资本主义已经做到了;对于后者,只有社会主义才能做到,只有在全社会实行计划经济才能做到。因此,在马克思恩格斯看来,公有制与计划经济是一种鱼与

---

① 《马克思恩格斯选集》第3卷,人民出版社,1995,第633页。

水的关系。在共产主义社会第一阶段,只要实行了社会所有制,商品经济必然为计划经济所代替。

但是,马克思恩格斯所说的计划经济也不同于后来社会主义实践中出现的计划经济。后来社会主义实践中出现的计划经济是以商品货币关系为基础的,而马克思恩格斯所说的计划经济指的是完全排除了商品生产和商品交换关系的计划经济。

3. 无阶级、无国家

马克思恩格斯所说的共产主义社会(包括它的第一阶段)是无阶级的,而无阶级的社会在逻辑上也必然是无国家的。这是因为,所谓阶级,其实质就是人们同生产资料的不同关系,有的人占有生产资料,而有的人则丧失生产资料。在共产主义社会第一阶段,由于实行社会所有制,由于人与人之间在同生产资料的关系上已经没有任何区别,所以阶级必然也就不复存在了。而国家无非阶级压迫的暴力工具,它随着阶级的产生而产生,也将随着阶级的消亡而消亡。在没有阶级的情况下,国家当然也就不存在了。马克思恩格斯关于未来社会无阶级、无国家的结论,同生产力水平的高度发达、实行社会所有制和消灭商品货币关系在逻辑上是完全一致的。正如恩格斯所说:阶级的"划分是以生产的不足为基础的,它将被现代生产力的充分发展所消灭","社会阶级的消灭是以生产高度发展的阶段为前提的"。①

在1847年上半年写的《哲学的贫困》中,马克思指出:"工人阶级解放的条件就是要消灭一切阶级;⋯⋯工人阶级在发展进程中将创造一个消除阶级和阶级对立的联合体来代替旧的资产阶级社会;从此再不会有任何原来意义的政权了。"②这就是说,在马克思恩格斯的设想中,从一开始,未来社会就是不存在阶级和国家的。在马克思起草的《共产主义者同盟章程》中,第一条就明确规定"同盟的目的:推翻资产阶级政权,建立无产阶级统治,消灭旧的以阶级对立为基础的资产阶级社会和建立没有阶级、没有私有制的新社会"。③ 在《共产党宣言》中,马克思恩格斯指出:"代替那存在着阶级和阶级对立的资产阶级旧社会的,将是这样一个联合体,在那里,每个人的

①　《马克思恩格斯选集》第3卷,人民出版社,1995,第632页。
②　《马克思恩格斯全集》第4卷,人民出版社,1958,第197页。
③　《马克思恩格斯全集》第4卷,人民出版社,1958,第572页。

自由发展是一切人的自由发展的条件。"①在《哥达纲领批判》中，马克思划分了共产主义社会的两阶段，并且明确提出共产主义社会第一阶段实行"按劳分配"、高级阶段实行"按需分配"，应该说，马克思在这里发展了他过去的未来社会理论；但是这种发展也绝没有达到否定社会所有制，承认商品经济、阶级和国家的地步。相反，他认为"按劳分配"这种平等的权利按照原则仍然是资产阶级权利，但是"它不承认任何阶级差别，因为每个人都像其他人一样只是劳动者"。② 这就是说，在共产主义社会第一阶段，尽管还存在着事实上的不平等，但阶级和阶级差别已经没有了，因为所谓阶级也就是劳动者与生产资料的不同关系；当生产资料已经实现社会共同所有的时候，劳动者在同生产资料的关系上已经没有任何区别，因此，尽管还有事实上的不平等，但阶级和阶级差别已经不存在了。在《反杜林论》中，恩格斯指出："无产阶级将取得国家政权，并且首先把生产资料变为国家财产。但是这样

---

① 《马克思恩格斯选集》第1卷，人民出版社，1995，第294页。
② 《马克思恩格斯选集》第3卷，人民出版社，1995，第305页。

一来,它就消灭了作为无产阶级的自身,消灭了一切阶级差别和阶级对立,也消灭了作为国家的国家。……国家真正作为整个社会的代表所采取的第一个行动,即以社会的名义占有生产资料,同时也是它作为国家所采取的最后一个独立行动。"①有人以现实社会主义仍然存在阶级和国家为由否定马克思关于未来社会设想的科学性,其实,这完全是一种误解。

这里有两个容易引起歧义的地方需要做些说明。

第一,在马克思恩格斯的著作里,"阶级""阶级差别""阶级对立"这几个词往往是同义语,常常互用,实质上并无差别。因此,"消灭阶级"也就是"消灭一切阶级差别""消灭阶级对立"的意思;不存在阶级消灭了,还存在阶级差别和阶级对立的问题。

第二,在《哥达纲领批判》中,马克思认为,"刚刚从资本主义社会中产生出来"的共产主义社会第一阶段自然"在各方面,在经济、道德和精神方面都还带着它脱胎出来的那个旧社会的痕迹",他把自然会存在的事实上的不

---

① 《马克思恩格斯选集》第3卷,人民出版社,1995,第630～631页。

平等叫作"资产阶级权利"。① 其实,这里的"资产阶级权利"指的是还存在形式上的平等掩盖了事实上的不平等的现象。共产主义第一阶段实行按劳分配原则,每个人都按照劳动的数量和质量获得消费品,看起来是平等的,但每个人的劳动能力不一样,赡养人口也不一样,因而实际上还存在不平等现象。这恰恰是资产阶级权利与封建社会、奴隶社会的权利区别所在,封建社会、奴隶社会的权利形式上就是不平等的。说按劳分配还存在资产阶级权利,并不是说还存在资产阶级,这绝不能作为共产主义第一阶段仍然存在资产阶级的证据。这是因为,共产主义社会第一阶段同资本主义社会相比,毕竟是根本不同的。尽管还存在这样那样的弊端和事实上的"不平等",但这种"不平等"是以平等为基础的,这里的"平等"体现在哪里呢? 在共产主义社会第一阶段,由于已经实现了生产资料的社会所有,各个劳动者同生产资料的关系已经没有任何区别。也正如马克思所指出的那样,在共产

---

① 《马克思恩格斯选集》第3卷,人民出版社,1995,第304页。

主义社会第一阶段,是"不承认任何阶级差别"的。① 也就是说,共产主义社会第一阶段,尽管与高级阶段相比,成熟程度还不够高,还存在种种弊端;但它毕竟是已经实现了生产资料的社会所有和消灭了一切阶级与阶级差别的社会,已经是无阶级社会。消灭阶级和阶级差别,这是实行社会所有制的必然结果。实行社会所有,没有阶级和阶级差别,这也是共产主义社会第一阶段和高级阶段的共同特点,并非共产主义社会高级阶段所独有。

马克思恩格斯所说的共产主义(包括第一阶段)还有许多其他方面的特征,在这里恕不赘述。总之,马克思恩格斯的社会主义是生产力高度发达基础上的社会主义,是实行社会所有制和消灭了商品货币关系并且实行计划经济的社会主义,是已经不存在阶级和国家的社会主义。

(二)列宁与马克思社会主义观的一致性

在社会主义观上,列宁与马克思是什么关系呢? 应

---

① 《马克思恩格斯选集》第 3 卷,人民出版社,1995,第 305 页。

当说,从表述上来看,列宁与马克思的确存在很大的差别。如前所述,在国际共产主义运动史上,主要是从列宁开始把"共产主义社会第一阶段"称作"社会主义",而把"共产主义社会高级阶段"称作"共产主义"。据笔者所查,至少在 1917 年 4 月写的《无产阶级在我国革命中的任务》一文中,列宁已经开始使用这种说法。比如,他指出:"人类从资本主义只能直接过渡到社会主义,即过渡到生产资料公有和按每个人的劳动量分配产品。我们党看得更远些:社会主义必然会逐渐成长为共产主义,而在共产主义的旗帜上写的是:'各尽所能,按需分配'。"① 在这里,他已经区分了按劳分配的共产主义社会第一阶段和按需分配的共产主义社会高级阶段,并把前者称作"社会主义",而把后者称作"共产主义"。由此不难看出:在马克思恩格斯那里,社会主义与共产主义在科学上是没有任何差别的;而到了列宁这里,社会主义与共产主义却被分开使用并用以表示未来共产主义社会的两个不同阶段。不过这里也需要说明,如果以为列宁说的"社会主

① 《列宁全集》第 29 卷,人民出版社,1985,第 178 页。

义"都是指"共产主义社会第一阶段","共产主义"都是指"共产主义社会高级阶段",那就错了;因为在很多时候,列宁对这两个词的使用是比较随便的,并无一定之规。对列宁所使用的"社会主义"和"共产主义"这两个词,只有结合上下文语境进行具体分析才能做到科学理解和准确把握。

实际上,列宁尽管在一定程度上改变了共产主义社会两个阶段的表述,但他并没有改变共产主义社会两个阶段的实际内容。也就是说,在对社会主义(即共产主义社会第一阶段)的看法上,列宁与马克思是没有什么差别的。

有人说列宁提出了"两种所有制的社会主义",其实,这完全是一种误解。列宁的确说过"合作社的发展也就等于……社会主义的发展""我们不得不承认我们对社会主义的整个看法根本改变了"。[①] 但是,这里根本改变的只是合作社与争取社会主义的关系,正如列宁自己所解释的那样:"这种根本的改变表现在:从前我们是把重心

① 《列宁全集》第43卷,人民出版社,1987,第367页。

放在而且也应该放在政治斗争、革命、夺取政权等等方面，而现在重心改变了，转到和平的'文化'组织工作上去了。"①过去自欧文以来的合作社社会主义者企图不经过阶级斗争、革命和夺取政权，而单纯依靠开展合作社运动就想达到对资本主义制度进行和平改造的目的，这在马克思主义者看来，完全是一种痴人说梦；现在，无产阶级既然已经通过阶级斗争和革命的手段推翻了资产阶级统治，建立了无产阶级自己的政权，用合作社的方式来争取社会主义就不再是一种幻想而是十分必要的了。从这里根本不可能得出列宁有合作社所有制的社会主义的结论，因此关于列宁提出了所谓"两种所有制的社会主义"的说法是根本不能成立的。

还有人说列宁提出了商品经济的社会主义。其实不然，这实际上是把列宁新经济政策的商品经济错误地当作社会主义的商品经济，这种观点也是难以站得住脚的。新经济政策只不过是一种落后国家向社会主义迂回过渡的政策即利用资本主义的政策，连社会主义改造即直接

---

① 《列宁全集》第 43 卷，人民出版社，1987，第 367 页。

过渡都谈不上，怎么可能超越阶段成为社会主义的政策呢？事实上，斯大林是在1936年才宣布苏联进入社会主义的，他是否提前宣布进入了社会主义另当别论，单以他宣布进入社会主义的时间来看，列宁的新经济政策也只是处在过渡时期，而且只是处在过渡时期的初期，根本不是社会主义。提出上述看法的人实际上是自觉或不自觉地取消了在资本主义和共产主义社会第一阶段之间的过渡时期，这也就等于说，在他们看来，无产阶级一经夺取政权无须经过过渡时期就可以直接进入共产主义社会第一阶段。

还有人以列宁多次说过的"社会主义就是消灭阶级"为依据，提出列宁认为社会主义社会是仍然存在阶级的社会。这种理解是不符合列宁本意的。列宁这句话的意思是说，社会主义社会是已经消灭了阶级的社会，或者社会主义社会已经是无阶级的社会。我们来看看列宁是怎么看待这个问题的。1919年5月《在全俄社会教育第一次代表大会上的讲话》中，列宁指出："我们要争取的平等就是消灭阶级。因此也要消灭工农之间的阶级差别。……工农之间还有阶级差别的社会，既不是共产主义社会，也不是社会主义社会。"①他还指出:"我们正在进行阶级斗争,我们的目的是消灭阶级。只要还存在着工人和农民,社会主义就还没有实现。"②

还有人以列宁说的共产主义社会第一阶段"国家还没有完全消亡……要使国家完全消亡,必须有完全的共产主义"③为由,认为无产阶级专政的国家一直存在到共产主义社会第一阶段,只有到了高级阶段国家才会消亡。这也完全是误解。其实,列宁是从国家消亡过程的角度提到在共产主义社会第一阶段还有"国家"。恩格斯和列宁都把具有政治职能和阶级压迫工具性质的国家叫作"政治国家"④,资产阶级专政的国家和无产阶级专政的国家都属于政治国家;列宁又把马克思在《哥达纲领批判》中所说的"未来共产主义社会的国家制度"中的"国家"叫作"非政治国家"。⑤ 列宁讲的国家消亡包括两个阶段:第

① 《列宁全集》第 36 卷,人民出版社,1985,第 341 页。
② 《列宁全集》第 38 卷,人民出版社,1986,第 332 页。
③ 《列宁全集》第 31 卷,人民出版社,1985,第 91 页。
④ 《列宁全集》第 31 卷,人民出版社,1985,第 59 页。
⑤ 《列宁全集》第 31 卷,人民出版社,1985,第 60 页。

一阶段是无产阶级专政的国家,它仍然具有政治职能和阶级压迫性质,仍然属于"政治国家";第二阶段是在共产主义社会第一阶段还没有完全消亡的国家,它已经不具有政治职能和阶级压迫性质,已经属于"非政治国家",其实这已经不是国家。而到了共产主义社会高级阶段,国家则完全消亡。至于列宁多次讲到"(半资产阶级)国家""资产阶级国家""资产阶级国家,——但没有资产阶级"等则完全是一种诙谐的说法。总之,从这里根本得不出列宁认为在共产主义社会第一阶段仍然有国家的结论。换一句话说,现实存在的国家都有两种职能:一是阶级压迫的职能,即政治职能;二是治理社会的职能,即非政治职能。共产主义第一阶段的"国家",第一种职能消灭了,但还保留第二种职能,所以叫没有资产阶级的"资产阶级国家"。

总之,列宁并未改变马克思的社会主义观,列宁与马克思恩格斯的社会主义观是一致的。

(三)斯大林的社会主义观

在国际共产主义运动的历史上,第一个在实践中改变马克思社会主义观的是斯大林。

实际上,斯大林不仅对马克思、恩格斯、列宁的社会主义理论非常清楚,而且在实践中,在相当长的时期内,特别是在 20 世纪 30 年代以前,是一直坚持马克思的无阶级的社会主义理论的。比如,1918 年斯大林指出:"目前过渡时期俄罗斯苏维埃联邦社会主义共和国宪法的基本任务在于建立城乡无产阶级和贫农的专政,即强有力的全俄苏维埃政权,以彻底镇压资产阶级,消灭人剥削人的现象并建立既没有阶级区分也没有国家政权的社会主义制度。"①在这里他区分了实行无产阶级专政的"过渡时期"和建立"既没有阶级区分也没有国家政权的社会主义制度"。1926 年在《论列宁主义的几个问题》中,斯大林在讲到无产阶级专政的三个方面任务之一时指出:"利用无产阶级政权来组织社会主义,消灭阶级,过渡到无阶级的社会,即过渡到社会主义社会。"②在这里他仍然坚持了无阶级的社会主义社会的提法。1927 年 9 月在和第一个美国工人代表团的谈话中,斯大林不仅指出"无产阶级专

---

① 《斯大林全集》第 4 卷,人民出版社,1956,第 73 页。
② 《斯大林选集》上卷,人民出版社,1979,第 410 页。

政时期"就是"由资本主义过渡到社会主义的时期",社会主义社会就是"没有阶级的社会、没有国家的社会",而且说在这个问题上"列宁是完完全全以马克思和恩格斯的这些基本原理为根据的"。① 1928 年在给库什特谢夫的信中,他指出:"我们常常说,我们的共和国是社会主义共和国。这是不是说我们已经实现了社会主义,消灭了阶级,并取消了国家(因为社会主义的实现意味着国家的消亡)? 或者,这是不是说在社会主义制度下还会有阶级、国家等等存在? 显然不是这个意思。既然如此,我们有没有权利把我们的共和国叫做社会主义共和国呢? 当然有。这是从什么样的观点来看呢? 这是从我们决心和准备实现社会主义、消灭阶级等等的观点来看的。"②当然,斯大林在这里所说的实际上也是列宁的观点。可以看出,斯大林在这里仍然坚持认为社会主义社会就是无阶级、无国家的社会。即使在 1936 年宣布苏联基本上实现社会主义的《关于苏联宪法草案》的报告中,斯大林仍然

① 《斯大林选集》上卷,人民出版社,1979,第 612 页。
② 《斯大林全集》第 11 卷,人民出版社,1955,第 268~269 页。

坚持沿用了"无阶级的社会主义"的提法。①

　　但是,1936 年斯大林在《关于苏联宪法草案》的报告中,在还有工人阶级和农民阶级、知识分子存在的情况下,即在刚刚消灭了剥削阶级、远未消灭阶级的情况下,就提前宣布基本上实现了社会主义,并且说这就是马克思的共产主义社会第一阶段。"基本上实现"表明斯大林对把当时的苏联社会叫作社会主义还留有余地,表明当时的苏联还没有发展到无阶级的社会主义的程度;但既然已经宣布基本实现,那就是说,在他看来,尽管还没有完全实现,不过已经为时不远了。尽管他在同一个报告中仍然沿用了"无阶级的社会主义"的提法,但由于在实践中已经宣布基本上实现了社会主义,加上消灭阶级的任务连续两个五年计划都没有能够完成,他也就逐渐不再把"无阶级"看作社会主义即共产主义第一阶段的特征了,而是看作只有到共产主义高级阶段以后才能完成的任务。这样一来,他实际上就在实践中降低了马克思的社会主义标准,从而确立了一种新的社会主义观。斯大

----

① 《斯大林选集》下卷,人民出版社,1979,第396页。

林所宣布进入的社会主义实际上是刚刚消灭了剥削阶级、远未消灭阶级的社会主义,这是一种不同于马克思的社会主义观。马克思说的是生产力高度发达的社会主义,斯大林实践中搞的却是经济文化仍然相对比较落后的社会主义;马克思说的是社会所有制的社会主义,斯大林搞的却是两种公有制并存的社会主义;马克思说的是没有商品货币关系的社会主义,斯大林搞的却是仍然存在商品货币关系的社会主义;马克思说的是没有阶级的社会主义,斯大林搞的却是仍然有阶级差别的社会主义;马克思说的是全世界范围内的社会主义,斯大林搞的是一个国家范围内的社会主义。按照马克思的社会主义标准,斯大林所说的社会主义只不过仍然处在马克思说的过渡时期。

20世纪的社会主义实践证明,经济文化落后国家的无产阶级在夺取政权后,要过渡到马克思所说的生产资料社会所有、没有商品货币关系、没有阶级和国家的共产主义社会第一阶段,将是一个相当长的过程。斯大林以来的这些落后国家的社会主义,是否一定要等到完全具备马克思所说的各方面条件才可以被称为社会主义呢?

客观地看,斯大林把仅仅消灭了剥削阶级、尚未消灭阶级的社会称作"社会主义"也并非不可;不过他必须说清楚他的这种"社会主义"还不是马克思的共产主义社会第一阶段或列宁的社会主义。问题是,斯大林不仅没有说清楚他的这种"社会主义"与马克思的共产主义社会第一阶段的差别,而且说他的这种"社会主义"就是马克思的共产主义社会第一阶段。[①]

斯大林是一位伟大的马克思主义者,他的功绩是不可磨灭的,有人寻找各种借口对斯大林进行恶毒的攻击和污蔑,我们是绝对不能接受的。但是从总结国际共产主义运动经验教训和复兴世界社会主义事业的角度来分析他在理论上失误的影响仍然是有必要的。在今天看来,提前宣布进入社会主义,至少造成了如下消极影响。(1)提前宣布实现社会主义,降低了社会主义的标准。当斯大林在全苏苏维埃第八次非常代表大会上宣布"基本实现"社会主义时,与会代表报之以长时间的热烈掌声;

---

① 参见智效和《辩证马克思的社会主义观》,《经济科学》2002 年第 4 期。

世界进步人士奔走相告,人们为之精神振奋、激动不已。但是,当人们冷静下来以后,却发现现实实践中的社会主义竟然有着如此多的不尽如人意。加上一些别有用心的人的歪曲,社会主义居然成了"贫穷""落后"的代名词。原来那么美好的社会主义制度,在现实生活中却也不过如此!人们开始对社会主义产生了许许多多的疑虑和困惑。(2)提前宣布实现社会主义,为急于向共产主义高级阶段过渡埋下了伏笔。继 1936 年宣布"基本实现"社会主义之后,1939 年斯大林在联共(布)十八大上又进一步提出要向共产主义过渡。1946 年斯大林又宣称一个国家内的共产主义是完全可能的。在斯大林之后,赫鲁晓夫搞的仍然是急于过渡。赫鲁晓夫在 1959 年苏共二十一大上提出苏联已经进入"开展共产主义建设时期"。1961年在苏共二十二大上又提出苏联"二十年基本上建成共产主义社会"。20 世纪各社会主义国家实践中的急于过渡,大都与斯大林提前宣布"基本实现"社会主义有关系。(3)提前宣布进入社会主义,被赫鲁晓夫用来作为大搞修正主义的借口。在赫鲁晓夫看来,既然已经宣布进入社会主义,即马克思所说的共产主义社会第一阶段,那么,根据马克思的观点,在这样的社会里就应该是没有阶级、没有国家的。于是"三和两全"("三和"即和平共处、和平竞赛、和平过渡;"两全"即全民国家、全民党)这一套系统的修正主义理论就提出来了。(4)提前宣布实现社会主义,造成了理论与现实之间的巨大矛盾和错位。一方面,既然已经宣布进入社会主义,那么,就应该按照马克思的共产主义社会第一阶段的理论去指导现实的实践,就不应该有商品和货币,不应该有阶级和国家;而现实中又离不开商品和货币,又不能不讲阶级斗争和无产阶级专政。理论与实践总是处处对不上号。另一方面,人们又往往根据现实生活来评判理论,拿现实生活中存在的矛盾和问题来贬低甚至否定马克思的社会主义理论,比如经常有人说马克思没有预料到社会主义还有多种经济成分和商品经济等。这就是说,人们在实践中既不遵从马克思,出了问题又常常归罪于马克思。本来是科学的理论,却被一些人无端地斥为过时的教条;本来是科学巨匠,却遭受极端的不公。

那么,斯大林在明明知道马克思和列宁的无阶级的社会主义理论的情况下,怎么会在明显不具备条件的情况下提前宣布进入社会主义,并且说这就是马克思的共产主义社会第一阶段呢?根据我们的分析和研究,下面两个方面的原因应该是不能忽略的:一方面,这同他对当时苏联社会经济的发展状况估计过于乐观有关;另一方面,也同他对"阶级"与"剥削阶级"的理解有关。他之所以在1936年宣布进入社会主义,是因为在他看来,阶级很快就会消灭;之所以用"基本上消灭",是说在宣布进入社会主义的当时还没有完成消灭阶级的历史任务,但是消灭阶级的任务已经要不了多久就会完成,不过是提前宣布了几天而已。在他看来,消灭了剥削阶级,也就等于消灭了阶级。

实事求是地说,消灭剥削阶级当然并不等于消灭阶级,两者还是有差别的;但是,这种差别也并不像时下人们所想象的那么大。因为按照马克思恩格斯的设想,无产阶级革命发生在发达资本主义国家。在这样的国度中,由于工业化程度很高,阶级成分比较简单,主要是资产阶级和无产阶级,所以在无产阶级夺取政权后,在废除了私有制和消灭了剥削阶级以后,离消灭阶级也就不远了。因此马克思恩格斯所说的"阶级"主要是一种剥削关系。列宁也是这么理解的。在《伟大的创举》中,他指出:"所谓阶级,就是这样一些大的集团,这些集团在历史上一定的社会生产体系中所处的地位不同,同生产资料的关系(这种关系大部分是在法律上明文规定了的)不同,在社会劳动组织中所起的作用不同,因而取得归自己支配的那份社会财富的方式和多寡也不同。所谓阶级,就是这样一些集团,其中一个集团能够占有另一个集团的劳动。"①在《青年团的任务》中,他指出:"阶级究竟是怎么回事呢? 这就是允许社会上一部分人占有别人的劳动。"②然而,需要注意的是,20 世纪的社会主义革命却是发生在经济文化比较落后的国家,这些国家一般来说工业化程度都不高,农业人口占大多数。这些国家的无产阶级在夺取政权后,在完成废除私有制和消灭剥削阶级以后,离消灭阶级还有很长的路要走。因此斯大林把消灭剥削阶级基本等同于消灭阶级的做法是脱离生产力的实际发展水平、不符合苏联社会客观实际的。在这一点

---

① 《列宁选集》第 4 卷,人民出版社,1995,第 11 页。

② 《列宁全集》第 39 卷,人民出版社,1986,第 304 页。

上，列宁要远比斯大林清醒得多。列宁曾经多次强调：
"要使社会主义取得胜利，只打倒资本家是不够的，还必
须消灭无产阶级与农民之间的差别……我们的目的是消
灭阶级。只要还存在着工人和农民，社会主义就还没有
实现。"①列宁的这些话至今仍然具有重要的现实指导意
义。

（四）我国改革开放以来的社会主义观

改革开放以来，我们纠正过去超越阶段的"一大二
公"的"急躁""冒进"的错误，在所有制结构上，实行以公
有制为主体、多种经济成分共同发展；在经济体制上，逐
步确立了社会主义市场经济体制；在分配制度上，实行以
按劳分配为主体、多种分配方式并存，按劳分配与按生产
要素分配相结合的分配制度。

实际上，这是确立了又一种新的社会主义观，一种既
不同于马克思也不同于斯大林的新的社会主义观。如果
说马克思、恩格斯、列宁的社会主义是没有阶级的社会主
义，斯大林、毛泽东的社会主义是有阶级但是没有剥削阶

---

① 《列宁全集》第 38 卷，人民出版社，1986，第 332 页。

级的社会主义;那么,改革开放以来的社会主义实际上就是不仅有阶级而且也有剥削的社会主义。这是因为改革开放在一定程度上就是恢复和利用资本主义,是利用资本主义来建设社会主义。在私营、外资经济大量存在的情况下,是不可能不存在劳资关系和剥削现象的,只是在理论上我们是否愿意接受这种说法罢了。当然,私营、外资企业是否存在劳资关系和剥削是一回事;而现阶段是否有必要利用私营、外资经济则是另一回事。既不能因为私营、外资经济必然产生劳资关系和剥削,现阶段就拒绝利用;也不能因为现阶段仍然有必要利用私营和外资经济,就否认其存在劳资关系和剥削的客观事实。

由此看来,自马克思以来社会主义观的发展演变经历了三个阶段,即马克思、恩格斯、列宁的无阶级的社会主义,斯大林、毛泽东的有阶级但是没有剥削阶级的社会主义,以及改革开放以来不仅有阶级而且有剥削的社会主义。社会主义的标准一再降低,社会主义似乎成了一根橡皮筋,可以随意地拉长或缩短。结果是人们对社会主义的形象开始大打折扣。这样一来,就形成了三种不同的社会主义观。最后究竟什么是社会主义，也就越来越说不清了。于是就有人提出"社会主义就是普遍幸福主义""人民社会主义""价值社会主义"，等等。

通过以上分析，我们可以得出如下结论。

第一，自20世纪斯大林以来实践中的社会主义，都不同于马克思讲的共产主义第一阶段。斯大林和毛泽东的社会主义本来就不同于马克思的社会主义，而改革开放以来的社会主义不仅不同于马克思的社会主义，也不同于斯大林和毛泽东的社会主义。如果按照马克思的逻辑，20世纪以来现实实践中的社会主义只不过仍然处在马克思讲的过渡时期，因此现实实践中的社会主义，还不是马克思的共产主义社会第一阶段或列宁的社会主义，而只是仍然处在马克思和列宁所说的过渡时期的一定历史阶段，是仍然处在马克思讲的过渡时期的社会主义。这里特别需要强调的是，一定要从理论上说清楚，现实社会主义还不是马克思的共产主义第一阶段。其实更为重要的是，究竟应该用马克思主义社会发展阶段理论中哪个阶段的理论来指导现实的社会主义实践，才能避免理论与实践的严重错位，增强思想政治教育的说服力，从而促使中国特色社会主义事业的健康发展。

第二，究竟应该以谁的社会主义为标准来判断我们今天所处的发展阶段呢？我们以为，还是应该以马克思的社会主义观为标准。虽然马克思恩格斯反对对未来社会做详细的具体描述，但是他们关于共产主义社会第一阶段基本特征的思想是必须坚持的。如果连马克思主义经典作家关于未来社会基本特征的思想都丢掉了，还能叫坚持马克思主义吗？我们之所以要以马克思的社会主义观为标准，是因为马克思恩格斯是从实现全人类彻底解放的高度看问题的。在他们看来，只有以生产力充分发展为基础的、实行社会所有制、没有商品货币关系、没有阶级和国家的社会主义才能真正实现全人类的彻底解放。难道仍然存在资本剥削关系的社会主义能够实现人类的彻底解放吗？难道仍然存在私有制的社会主义能够实现人类社会的彻底解放吗？当然，虽然现实实践中的社会主义还不能实现解放全人类的目标，虽然现实实践中的社会主义还没有达到马克思说的共产主义第一阶段，但是这并不否认现实实践社会主义国家的社会主义性质。因为社会主义也是一个不断发展的过程。我们认为,只要坚持了科学社会主义的基本原则就是社会主义。因为现实社会主义国家,比如,中国特色社会主义,仍然坚持了中国共产党的领导,仍然坚持了公有制的主体地位,仍然坚持以按劳分配为主体,在思想上仍然坚持以马克思主义理论为指导,所以,中国特色社会主义的社会主义性质是不容否定的。但是,我们必须说清楚,中国特色社会主义还不是马克思说的共产主义第一阶段那样的社会主义。

这也正如商标和商品的关系一样。我们不妨以茅台酒为例来说明这个问题。茅台之所以是茅台,是由各种具体指标来决定的。达不到这些指标当然不能叫茅台酒,自然不应该使用茅台酒的商标。那么这些指标应该由谁来决定呢?当然应该由最初生产茅台酒的贵州茅台镇的茅台酒厂来决定。不具备茅台酒的各项指标,即使贴上茅台酒的商标,也不可能会有茅台酒的醇香。

有人可能提出,马克思生活在一百多年以前,以他的社会主义观为标准来判断我们今天是否已经达到社会主义,这样做是不是在搞教条主义呢?马克思主义、马克思的社会主义观是否需要发展呢?首先我们应该承认,任何科学理论都是需要发展的，马克思主义、马克思的社会主义观也不例外。但是，发展马克思主义、发展马克思的社会主义理论首先必须遵循马克思主义、马克思的社会主义观的逻辑。马克思恩格斯并没有结束对社会主义的认识，马克思的社会主义理论给后人留下了很大的发展空间，这主要体现在关于社会主义的许多具体内容方面。但是，发展马克思主义不能违背马克思主义的逻辑，不能从根本上抛弃马克思对社会主义的基本认识，否则发展马克思主义就会变成否定马克思主义。与此相联系，也不能把坚持科学的认识当作教条主义，只要是科学的认识，只要是真理，不论时间多么久远，都要坚持。难道孔夫子的历史不比马克思更悠久吗？为什么我们今天还要继承孔夫子的遗产呢？布鲁诺的太阳中心说也已经四五百年了，难道也已经过时了吗？凡是正确的、科学的认识就要坚持，不能以产生时间的长短或先后作为判断正确与否的依据。实践证明：越是经历了时间和实践的长期检验的理论认识越是科学的，越是需要坚持的。

第三，只有实事求是地承认，我们今天现实实践中的社会主义并非马克思说的共产主义第一阶段，或列宁说的社会主义,才能纠正理论与实践之间的严重错位,才能提高我们的思想理论教育工作的科学性、说服力和战斗力,才能增强广大党员干部和群众的共产主义信仰和中国特色社会主义的信念。

现在我们在实践中利用商品经济、利用多种经济成分,这实际上都是马克思所说的过渡时期该干的事情;但是在理论上,我们认为已经进入社会主义,并且说,这就是马克思的共产主义第一阶段。这样就形成了理论和实践之间的严重错位。这是长期以来我们的思想理论教育工作科学性、说服力和战斗力不足的一个重要原因。

时下人们往往拿现实去批评马克思,比如说什么马克思没有预料到社会主义社会还有多种经济成分并存,说什么马克思没有预料到社会主义社会还有商品经济,等等。其实,这种批评是没有道理的,是我们长期以来没有讲清楚马克思的社会主义与现实社会主义的关系造成的。如果马克思还活着,他一定会为自己辩驳:"你所说的社会主义和我说的社会主义不一样,因此我也不否认你的社会主义仍然存在多种经济成分和商品货币关系。不是我空想,而是你把我的意思理解错了!"打个比方,比如一个人住在哈尔滨，但他忍受不了哈尔滨的冰天雪地，有人就建议他去广州，说广州冬天不下雪，结果他真的坐上火车要去广州。在火车上他迷迷糊糊地睡着了，突然在睡梦中听到，"广州火车站到了"，于是赶紧拿着行李往下跑。等他下了车，发现原来这里也是鹅毛大雪，于是就非常生气，大骂那个建议他去广州的人。等他冷静下来仔细看了站牌后才发现，这里根本就不是广州，而是郑州。原来是他错把"郑州"听成了"广州"，稀里糊涂地提前下车了。实际上错的不是别人，正是他自己。广州冬天一般是不会下雪的，但是你才来到郑州，下雪不是很正常的事情吗？

二 马克思的社会主义观是空想吗?

长期以来,在一部分人中间,包括在一部分领导干部和理论工作者中间,存在着一种有意无意中贬低、责难乃至否定马克思的社会主义观的倾向,已经在广大群众和青年学生中产生了不良的影响,严重削弱了党的思想理论教育的科学性、说服力和战斗力。为澄清理论是非,帮助广大干部和群众解疑释惑,现在很有必要就马克思的社会主义观究竟是空想还是科学做出回答。

(一)当前国内对马克思社会主义观的种种贬低和责难

近年来,国内理论界围绕什么是社会主义,特别是如何看待马克思的社会主义观的问题一直存在不同的看法。大部分学者认为,马克思的社会主义观是科学的,对现实是有解释力的,因此不能要求马克思主义经典作家对后来社会主义实践中的曲折负责。① 但是,也确有一部

---

① 参见程恩富《论〈资本论〉研究的发展态势》,《世界经济文汇》1987年第 2 期;智效和《马克思社会主义观的解释力》,《当代经济研究》2007 年第 6 期等。

分学者对马克思的社会主义观持责难、贬低甚至否定的态度。这种责难、贬低或否定主要有以下几种表现。

第一种表现:认为民主社会主义才是马克思主义的正统,主张以民主社会主义取代科学社会主义。这样一来,马克思的实行社会所有制、没有商品经济、没有阶级和国家的社会主义自然而然就被否定了。这种主张实际上是在借马克思主义之名,行否定马克思主义之实。把马克思的科学社会主义攻击为暴力社会主义,把马克思说的社会所有制曲解为采取股份制形式的私有制,崇尚根本不触动资本主义统治根基的民主社会主义。这实际上是一种假社会主义,是彻头彻尾的资产阶级社会主义。

第二种表现:把中国特色的社会主义与马克思的社会主义观对立起来,用前者来贬低或否定后者。如有人提出,马克思的社会主义观强调阶级斗争和无产阶级专政,忽视生产力,忽视共同富裕,没有回答社会主义发展的动力问题,等等。其言下之意就是马克思的社会主义观是过时的、错误的;并提出邓小平的社会主义观突破了马克思的社会主义观,提出了社会主义市场经济,等等。有的人认为,马克思的社会主义观包含着一些不符合实际之处,带有一定的空想成分或曰理想主义成分,已经过时了。还有一种流传甚广、以讹传讹的说法,认为马克思的社会主义观是空想,因为他没有预料到社会主义仍然存在商品经济。甚至还有人把坚持马克思主义、坚持马克思的社会主义观斥之为"左"。

第三种表现:以"发展"马克思的社会主义观为名,变相地贬低或否定马克思的社会主义观。有人认为社会主义的标准是动态的。对于马克思主义的后继者与马克思主义经典作家在社会主义认识上不一致的地方,就统统用"发展"来搪塞之。缺乏对马克思及其后继者在社会主义看法上的一以贯之的科学合理的逻辑解释。我们认为:马克思主义、马克思的社会主义观当然需要发展,但是,真正的发展应该是在坚持基础上的发展,如果连坚持都谈不上又怎么能够称得上发展呢?

第四种表现:把马克思的社会主义观称为"传统社会主义",而把中国特色社会主义称为"现代社会主义"、"当代社会主义"或"新社会主义",贬低马克思的社会主义观。"传统社会主义"是一个含糊不清的概念,实际上带有一种"过时"、"落后"甚至"错误"的意思在里面。其实,社会主义只有一个,没有传统社会主义与现代社会主义之分。社会主义是一个严肃的术语,它只有一个标准,即科学社会主义基本原则。按照习近平总书记的说法,坚持科学社会主义基本原则,才能叫社会主义;抛弃科学社会主义基本原则,就不能叫社会主义。

第五种表现:把马克思的社会主义理解为"功能社会主义""价值社会主义",并把社会主义解释为"普遍幸福主义",撇开生产资料所有制关系来抽象地谈论社会主义问题。试问:在生产资料私有制的基础上,在仍然存在剥削的情况下,能够实现"普遍幸福"吗?

第六种表现:还有人认为,应当从现实实践出发,而不应当从抽象原则出发去看待社会主义问题。这种说法貌似有理,但言下之意是,坚持马克思的社会主义观就是从抽象原则出发,只有从中国特色社会主义建设实际出发来谈论社会主义,才是从现实出发,否则就会使社会主义又变成空想。然而不坚持科学社会主义基本原则(这是抽象的原则),那就连社会主义都不是了,还能谈什么"从现实出发"的"社会主义"吗? 我们应该坚持马克思主义的科学社会主义基本原则,结合我国具体实际,运用这些基本原则来分析现实问题,而不是"从现实出发"来否定科学社会主义基本原则。

(二)马克思的社会主义观为什么是科学而不是空想?

我们之所以提出应该以马克思的社会主义观为标准来判断我们今天所处的发展阶段,这是因为,马克思的社会主义观是科学的,而绝非像有些人所说的那样是空想。

第一,马克思的社会主义观之所以是科学的,这是因为它从根本上超越了空想社会主义①,第一次把社会主义的理论奠定在现实的基础之上,使之成为科学。

空想社会主义之所以是空想,这是因为:(1)空想社会主义是建立在唯心主义历史观基础之上的,是以感性原则为基础的,只是从道德感情、善良的愿望出发,凭着对资本主义制度的愤恨和对广大人民群众生存状况的同情,而从头脑中主观臆造出来,因而也就不能科学地说明社会主义代替资本主义的历史必然性。(2)他们把实现社会主义的希望寄托于某个天才人物的出现,看不到无

---

① 参见智效和《辩证马克思的社会主义观》,《经济科学》2002 年第 4 期。

产阶级的历史使命,找不到变革社会的真正依靠力量。(3)他们幻想通过阶级合作来实现社会主义,反对无产阶级革命和无产阶级专政,找不到变革社会的正确途径。这就决定了他们的社会主义不能不是空想。

马克思恩格斯之所以能够使社会主义从空想变为科学,就在于:(1)马克思的社会主义是以唯物史观为基础的,他们揭示了物质生活资料生产在人类社会发展中的决定性作用,并以此为基础,对社会主义代替资本主义的历史必然性做出了合乎规律的科学的解释。社会主义学说在马克思恩格斯这里已经不再是从头脑中臆想出来的,而是现实存在的经济和阶级关系的真实反映,社会主义是现实的经济运动的必然结果。(2)他们找到了变革社会的依靠力量——无产阶级。(3)他们找到了实现社会主义的正确途径——无产阶级革命和无产阶级专政。

第二,马克思的社会主义观之所以是科学的,是因为马克思恩格斯是从实现全人类彻底解放的高度来看问题的。①

---

① 参见智效和《辩证马克思的社会主义观》,《经济科学》2002 年第 4 期。

马克思所说的社会主义是生产力高度发达基础上的社会主义,是实行社会所有制的社会主义,是已经消灭了商品经济的社会主义,是已经不存在阶级和国家的社会主义。在他们看来,只有具备了这些条件,全人类的解放才能真正实现;相反,在不具备这些条件的情况下,所谓全人类的解放就只能是一句空话。除了马克思的这个标准,还有谁能够提出一个另外的标准也能实现全人类的彻底解放呢?难道在仍然存在私有制、阶级剥削的情况下也能实现全人类的彻底解放吗?难道在生产力不发达的情况下也能实现全人类的彻底解放吗?

第三,马克思的社会主义观之所以是科学的,是因为马克思只是论证了社会主义实现的历史必然性,并没有提供社会主义实现的具体历史进程。马克思为社会主义规定的这些条件和门槛的确是非常高的,毋庸置疑,这个目标的实现将是一个相当长的过程。但是,我们不能因为这个过程的长期性就否认其实现的必然性。恰恰相反,这里体现的正是马克思看待社会主义问题所持的科学态度、科学精神和科学方法。他们所说的都是他们已经科学地解决了的问题,从来不空谈他们不能解决的问题。马克思和恩格斯一生最大的贡献就是科学地论证了社会主义代替资本主义的历史必然性,至于社会主义何时才能最终代替资本主义,这是他们所不能知道的,所以他们也拒绝提供社会主义实现的具体时间表。

第四,马克思的社会主义观之所以是科学的,是因为马克思所说的社会主义的几个基本经济特征之间具有合乎逻辑的必然联系。马克思的社会主义之所以是科学的,是因为他所说的社会主义是以生产力的高度发达为基础的。在他看来,生产力的高度发达的必然结果就是生产资料由全社会的劳动者共同占有;而实行社会所有制的必然结果就是,劳动产品直接作为消费品供人们使用,而不需要再通过商品的形式进行买卖和交换,这样一来,商品经济自然就不存在了;阶级实质上就是人们同生产资料的不同占有关系,而由于实行社会所有制,人们同生产资料的关系已经没有任何区别,所以阶级自然不复存在,作为阶级派生物的国家也就必然随之自行消亡。

第五,马克思的社会主义观之所以是科学的,是因为马克思所说的社会主义是以完成了过渡时期任务为前提的。① 马克思在论述未来社会基本特征的同时,相应地也就为过渡时期规定了任务,这就是:随着生产力的不断发展,最终阶级走向消亡。因此,在马克思恩格斯看来,只有完成了过渡时期消灭阶级的任务,才算是已经进入了社会主义;只要尚未完成过渡时期消灭阶级的任务,他们所说的社会主义就还没有实现。

第六,马克思的社会主义观之所以是科学的,是由生产的社会化与生产资料的资本主义私人占有之间的基本矛盾决定的。②

我们知道,奴隶社会和封建社会也都是私有制的社会,那么奴隶社会和封建社会的私有制为什么不会被公有制所代替,而只有资本主义的私有制才会必然为社会主义的公有制所代替呢? 这里的关键在于生产的社会化。奴隶社会和封建社会虽然也是私有制,但是就这种生产资料的私人占有制同当时生产力发展水平的关系来

---

① 参见智效和《辩证马克思的社会主义观》,《经济科学》2002 年第 4 期。

② 参见智效和《辩证马克思的社会主义观》,《经济科学》2002 年第 4 期。

看,总体上是基本相适应的。在资本主义以前的整个人类社会的历史,生产力水平极其低下,生产规模非常小,生产力的发展速度十分缓慢。一句话,在资本主义以前,人类社会的生产都是在孤立的地点上和狭窄的范围内进行的。因此,无论是奴隶社会的奴隶主私有制,还是封建社会的地主土地私有制,都是基本上同这种低水平的、小规模的生产即小生产、小农经济相适应的(当然原始社会例外)。当然,随着科技的进步和生产力的发展,无论是奴隶社会还是封建社会,生产关系都会由生产力的发展形式逐步变为生产力的桎梏,并且都会被一种新的生产关系所代替;但是,这种代替只能是以一种生产资料私有制形式代替另一种生产资料私有制形式,这是由当时非常低下的生产力发展水平所决定的。因此我们就会看到:奴隶社会的奴隶主私有制为封建社会的地主土地私有制所代替,而封建社会的地主土地私有制最终又被资本主义的资本家私有制所代替。

但是,进入资本主义社会以后,情况发生了根本变化。蒸汽机的发明和电力的广泛应用,工业、商业、航海业和铁路的拓展,世界市场的开辟,使社会生产力像用了法术一样从地下被呼唤出来。"资产阶级在它的不到一百年的阶级统治中所创造的生产力,比过去一切世代创造的全部生产力还要多,还要大。"①资本主义的生产力之所以能够如此迅速地发展,主要是由其生产的社会化性质所决定的。在资本主义条件下,生产已经变成社会化的了;但是生产资料仍然掌握在资本家私人的手里。这种生产资料的资本家私有制是同社会化的大生产不相适应的。生产力的发展是绝对的,是不以人的意志为转移的,人们可以在一定程度上促进或者阻碍生产力的发展,但不可能停止其发展。而资本的运动是无止境的。资本如果停止运动,不扩大资本积累、不扩大剥削范围,它就不能生存下去,资本也就不再是资本。资本的这种本性决定了它总要力求摧毁交往即交换的一切地方限制,夺得整个地球作为它的市场。② 它不把世界卷入它的势力范围就不会罢休。因此,全球化不仅是科学技术和生产力的全球化,也是资本主义生产关系和资本主义基本矛

---

① 《马克思恩格斯选集》第1卷,人民出版社,1995,第277页。

② 参见《马克思恩格斯全集》第46卷(下),人民出版社,1980,第33页。

盾的全球化。而社会化大生产的发展必然要求生产资料也为整个社会所有,即生产资料社会所有制。因此生产资料的社会所有制代替生产资料的资本家私人占有制是不以任何人的意志为转移的客观规律。而社会所有制实现之时正是马克思恩格斯所说的社会主义到来之日。因此,社会主义代替资本主义是人类社会发展的客观规律。正如马克思恩格斯所说:"资产阶级的关系已经太狭窄了,再容纳不了它本身所造成的财富了。"①资产阶级创造了巨大的生产力,但是无法驾驭这个巨大的生产力。资产阶级用来推翻封建制度的武器,现在却对准资产阶级自己了。这好有一比:我们知道气球的张力是有限的,假如一直给气球充气,那么气球就总有一天会爆炸。生产社会化与生产资料私有制之间的关系同空气与气球的关系是一样的道理。再举一个例子,比如有一个小学生,在读小学的时候学校给他发了一套校服,但是他现在已经读高中了,已经成长为1.8米高的小伙子了,如果仍然要求他穿小学时代那套校服,他能穿得下吗?

---

① 《马克思恩格斯选集》第 1 卷,人民出版社,1995,第 278 页。

第七,马克思的社会主义观之所以是科学的,也是因为马克思揭示的人类社会发展的必然趋势已经被资本主义发展的几百年历史实践所证实。自从资本主义制度产生以来,其生产关系经历了四次调整:第一次是从单个私人资本到股份资本;第二次是从股份资本到垄断;第三次是从垄断到国家垄断;第四次是从国家垄断到国际垄断。从这一过程中不难看出:一部资本主义的发展史,就是一部资本家阶级不断妥协退让的历史,就是资产阶级面对经济危机不得不一再对生产关系特别是生产资料所有制关系进行调整以适应生产力迅速发展要求的历史。一部资本主义的发展史,也是一部生产资料所有制形式由最初的单个私人资本性质不断向社会资本性质发展的历史,生产资料的社会化程度越来越高。资本主义生产资料所有制的每一次调整都是向马克思所说的社会所有制的进一步靠近。人类社会的发展也正在一步一步地逼近社会主义。因此社会主义代替资本主义是不以人的意志为转移的客观规律。

第八,马克思的社会主义之所以是科学的,归根结底是由生产力的发展决定的。人的认识、科学技术和社会生产力是不断发展的,这是客观的、不以人的意志为转移的。人类社会的发展就是一个随着生产力水平的不断提高逐步由低级走向高级的过程。随着人的认识水平的不断提高,科学技术是不断进步的,生产力是不断发展的。人们在一定程度上只能促进或延缓生产力的发展,而不可能阻止生产力的发展。

第九,马克思的社会主义观之所以是科学的,也是因为马克思恩格斯对待未来社会的态度是科学的。马克思恩格斯是在批判旧世界中发现新世界的,他们关于未来社会的展望只限于揭示未来社会的基本特征,而从来不做详尽的细节描述。1881 年 1 月 6 日,荷兰工人领袖斐·多·纽文胡斯写信请教马克思:如果社会党人取得政权,为了保证社会主义的胜利,他们在政治和经济方面首要的立法措施应当是什么,马克思 2 月 22 日在回信中说:这个问题"在我看来提得不正确。在将来某个特定的时刻应该做些什么,应该马上做些什么,这当然完全取决于人们将不得不在其中活动的那个既定的历史环境。但是,现在提出这个问题是不着边际的,因而实际上是一个幻想的问题,对这个问题的唯一的答复应当是对问题本身的批判。如果一个方程式的已知各项中不包含解这个方程式的因素，那我们就无法解这个方程式"。① 1886 年恩格斯在致爱·皮斯的信中指出："我所在的党并没有任何一劳永逸的现成方案。我们对未来非资本主义社会区别于现代社会的特征的看法，是从历史事实和发展过程中得出的确切结论；不结合这些事实和过程去加以阐明，就没有任何理论价值和实际价值。"②正如列宁所指出的那样："马克思丝毫不想制造乌托邦，不想凭空猜测无法知道的事情。马克思提出共产主义的问题，正像一个自然科学家已经知道某一新的生物变种是怎样产生以及朝着哪个方向演变才提出该生物变种的发展问题一样。"③只限于揭示未来社会的基本特征，而不做详尽的细节描述，这是马克思恩格斯看待未来社会科学态度的又一体现。

第十，马克思的社会主义观之所以长期以来被我们一些人当作空想而非科学，这是我们对社会发展阶段的

① 《马克思恩格斯选集》第 4 卷，人民出版社，1995，第 643 页。

② 《马克思恩格斯选集》第 4 卷，人民出版社，1995，第 676 页。

③ 《列宁选集》第 3 卷，人民出版社，1995，第 187 页。

认识误区造成的。长期以来,我们一直认为我们已经进入社会主义社会,并且说这就是马克思的共产主义第一阶段;其实,我们远远没有达到马克思共产主义第一阶段的标准,按照马克思的理论框架,我们今天只不过仍然处在过渡时期的一定阶段。实际上我们是混淆了过渡时期与共产主义第一阶段的界限。我们今天的社会主义实际上是远未完成马克思所说的过渡时期任务的社会主义,按照邓小平同志的说法,就是不合格的社会主义。由于我们提前宣布进入社会主义,其直接的后果就是:一切从我们今天的现实需要出发来实用主义地谈论社会主义。凡是我们今天现实生活中有的或者仍然需要的,就认为是社会主义应该有的,比如多种经济成分和商品货币关系;凡是我们今天不需要的或者暂时做不到的,就认为是社会主义不应该有的,比如计划经济。这样一来,马克思的社会主义观自然而然地就被贬低或否定了。

(三)马克思的社会主义观今天是否已经过时?

现在,有人提出,马克思的社会主义观产生于 19 世纪,而现在人类社会已经进入 21 世纪,实践是不断发展的,人的认识也是不断发展的。对社会主义的看法也应该是不断发展的,因此今天的人们不应该拘泥于马克思100多年前对社会主义的预测,而应该与时俱进地发展马克思的社会主义理论。

在这个问题上,笔者的看法是这样的:实践是不断发展的,人的认识也是不断发展的。马克思的社会主义观也是需要不断发展的,这是因为即使是像马克思、恩格斯这样的伟人,也不能不受到历史条件的限制。他的社会主义观只限于对未来社会基本特征的认识,他没有也不可能结束对社会主义的认识,马克思的社会主义理论的确给后人留下了很大的发展空间。但是,这里有一个如何发展的问题。这里的首要问题是:马克思的社会主义观还要不要坚持?是在坚持马克思社会主义观的基础上去谈发展,还是从根本上否定马克思的社会主义观呢?在笔者看来,我们应该在坚持的基础上来谈发展。也就是说,要在坚持马克思对社会主义基本特征认识的基础上来进一步丰富和发展马克思社会主义观的具体内容。抛弃马克思对社会主义基本特征的认识来谈发展马克思主义、发展马克思的社会主义,这其实不是在发展,而是在否定马克思主义、否定马克思的社会主义。

我们认为,坚持马克思的社会主义观,实事求是地承认我们今天的社会主义并不是马克思的共产主义第一阶段,而只是尚未完成马克思所说的过渡时期历史任务的社会主义,在今天仍然具有非常重要的现实意义。具体说来,有如下几个方面。

1. 这将有助于恢复马克思学说的科学地位,有助于重塑科学社会主义在人们心目中的美好形象

1936 年,当斯大林在苏联宣布已经基本实现社会主义的时候,会场报之以长时间的热烈掌声,人们奔走欢呼,无不为之欢欣鼓舞。然而当人们冷静下来以后,才逐步发现,原来人们心目中美好的社会主义也不过如此。令人们更加困惑不解的是,现阶段这种仍然存在阶级、剥削的情况,也叫社会主义。这就使得马克思主义、社会主义在人们心目中的地位从天上跌到地下。社会主义简直成了一根橡皮筋,可以随意地拉长,也可以随意地缩短。加上长期以来,在我们的思想政治工作中对马克思主义、社会主义简单化、庸俗化的理解和宣传,导致今天人们普遍对马克思主义、社会主义不感兴趣。其实,在笔者看来,人们普遍不感兴趣的是被严重歪曲了的、"哈哈镜"中

的马克思主义、社会主义,而并非科学意义上的马克思主义、社会主义。科学意义上的马克思主义仍然是倍受人们推崇的,世纪之交西方世界"千年伟人"的四次评选就在一定程度上生动地说明了这个问题。

从这个意义上讲,现实实践的发展迫切要求我们"回到马克思",讲清楚马克思的社会主义观为什么是科学的,以及我们今天的社会主义与马克思的社会主义究竟是一种怎样的关系,这将有助于消除人们对马克思主义、社会主义的种种误解,有助于恢复人们对马克思主义的信仰和社会主义的信念。

2. 这将有助于纠正长期以来在我们的工作中存在的理论与实践严重错位的问题

现在,我们在理论上认为已经进入社会主义(尽管仍然处在初级阶段,但毕竟已经是社会主义了),说的是社会主义的话;但手头上干的仍然是过渡时期该干的事。这样就形成理论与实践之间的矛盾与错位。比如,按照马克思的理论,既然已经进入社会主义,那就不应该有多种经济成分,不应该有商品经济;但现阶段又离不开发展多种经济成分和市场经济。再比如,现实生活中不仅有阶级,还有剥削;但理论上非要以马克思说的社会主义无阶级为依据来淡化甚至取消本来仍然客观存在的阶级斗争事实。若是对了,功劳全在自己;若是错了,责任全归马克思。

再比如,一个时期以来,在不少人中间流传着这样一种说法,"马克思的社会主义是空想,因为他没有预料到社会主义仍然存在商品经济"。其实,这完全是一种误解。马克思所说的没有商品经济的社会主义(即共产主义第一阶段),是以生产力高度发达为基础的,实行社会所有制的社会主义,必然没有商品经济、没有阶级和国家;而我们今天的社会主义根本没有达到马克思所说的共产主义第一阶段,因此我们今天的社会主义仍然存在商品经济,并不违背马克思的逻辑。如果马克思仍然在世,他也不会反对我们今天的社会主义(实际上还是过渡时期)仍然存在多种经济成分和商品货币关系。因为这是处于不同发展阶段的两种社会主义。

3. 这将有助于我们增强思想政治工作的科学性和说服力

现在,广大群众和青年之所以对我们的政治理论教育不感兴趣,就是因为在他们看来,我们的理论不能够科学地解释现实,而现实的实践往往也不以理论为指导,这就是人们常说的理论与实践"两张皮"的现象。这种"两张皮"的现象使得我们的思想政治理论缺乏科学性、逻辑性、说服力和战斗力,因而在实践中就难免显得苍白无力。

比如,关于为什么社会主义优越于资本主义,以及现实社会主义为什么在许多方面还不如发达资本主义等问题,长期以来,理论界为了阐释这些问题付出了很大的努力,但很难说已经有一种令人满意的、有说服力的回答。其根本原因就在于我们把本来仍然处在过渡时期的不合格的社会主义混同于马克思的共产主义第一阶段。其实,在笔者看来,马克思的共产主义第一阶段(列宁所说的社会主义)在各个方面都必然优越于资本主义,但是,由于现阶段我们仍然处在向共产主义第一阶段过渡的时期,是仍然处在过渡时期的社会主义,所以在许多方面还落后于发达的资本主义,也就不足为奇。

4. 这将有助于我们制定更加科学的理论、路线、方针和政策,更好地建设中国特色社会主义

比如,在现阶段发展多种经济成分和商品经济,在一

定程度上借鉴和利用资本主义,并不违背马克思的逻辑,因为我们现实的社会主义只不过是仍然处在过渡时期的一定阶段;但是,我们在理论上认为已经进入社会主义,并且说,这就是马克思的共产主义第一阶段。这样一来,如果从马克思主义经典作家的理论框架来看,又是社会主义,又要实行商品经济,社会主义和商品经济就形成了一对矛盾,因为在马克思的社会主义那里是根本不存在商品经济的。怎么办呢?于是为了自圆其说,我们只好说,马克思的社会主义是空想,因为他没有预料到社会主义仍然存在商品经济;于是我们就提出,商品经济是中性的,甚至是社会主义的。这样一来,再要对商品经济进行监督、限制和斗争就没有了理论依据。因为商品经济本身就是中性的,甚至是社会主义的,发展商品经济就等于发展社会主义,哪里还有必要再对商品经济进行限制、监督和斗争呢?结果就造成对商品经济只利用而不斗争或者斗争不力,这是长期以来贪污腐败、假冒伪劣、食品安全、环境污染等各种社会顽症久治不愈的重要原因。因此,承认我们今天的社会主义是仍然处在过渡时期的社会主义,而不是共产主义第一阶段那样的社会主义,对于纠正理论与实践的错位,制定更加科学的理论、路线、方针和政策,确保中国特色社会主义事业的健康顺利发展具有非常重要的意义。

在笔者看来,马克思的社会主义观是从什么是社会主义的定性的角度讲的;邓小平讲的"社会主义本质""社会主义也可以搞市场经济",以及我们对社会主义"还没有完全搞清楚"等,是从现实的落后国家应该如何建设社会主义、如何实现向社会主义过渡的角度讲的。二者都在讲社会主义,但是讲社会主义的角度是不一样的。从什么是社会主义的角度讲,社会所有制、计划经济、无阶级无国家,似乎没有什么难以理解的;从如何建设社会主义、如何顺利实现向社会主义过渡的角度讲,现阶段经济文化比较落后的国家就不能不利用多种经济成分和商品经济,不能不在一定程度上借鉴和利用资本主义。从这样的角度理解,马克思的社会主义不存在商品经济,与我国社会主义发展的现阶段仍然离不开商品经济,并不矛盾。我们今天常常说,我们是社会主义国家,这是从什么意义上说的呢? 在笔者看来,把这里的"社会主义"理解为"社会主义道路"，或者"向社会主义过渡"可能更准确，而不应该理解为"共产主义第一阶段"（即列宁所说的社会主义）的意思。正如列宁在新经济政策时期所说的那样："看来，也没有一个共产主义者否认过'社会主义苏维埃共和国'这个名称是表明苏维埃政权有决心实现向社会主义的过渡，而决不是表明现在的经济制度就是社会主义制度。"①

我们常常说，我们发展了马克思的社会主义理论，在笔者看来，其实，我们并没有发展马克思的社会主义理论，我们发展的只是马克思的过渡时期理论。从十月革命以来，自列宁一直到今天的马克思主义者们，面临的历史性课题都是如何实现向社会主义的过渡，历史还没有给我们提出发展马克思的社会主义理论的任务。

---

① 《列宁选集》第 4 卷，人民出版社，1995，第 490 页。

三 社会主义初级阶段是共产主义第一阶段的初级阶段吗?

在第一章中,笔者在总结国内外研究现状的基础上提出:20 世纪以来现实各国的社会主义还远远没有来到马克思的共产主义第一阶段,实际上是尚未完成马克思所说的过渡时期历史任务的社会主义,按照邓小平同志的说法,实际上就是不合格的社会主义。在本章中,读者就会发现,实际上这样来定位现实社会主义仍然是不够准确、不够具体的。因为马克思说的过渡时期是以发达资本主义为起点的,而现实社会主义在许多方面还远远落后于发达资本主义国家。因此,对现实社会主义只从理论上做定性的分析,只说明它还不是马克思的共产主义第一阶段而只是尚未完成马克思说的过渡时期任务的社会主义还是不够的;还必须对它从历史的角度做定量的分析,还必须具体说明现实社会主义究竟处于一个什么样的发展阶段,在这样的发展阶段能不能取消商品货币关系和多种经济成分,以及应该如何对待商品货币关系和多种经济成分等问题。也就是说,只有定性研究是不够的,还必须有定量研究;只有理论定位是不够的,还必须有历史定位。一句话:只研究过渡时期的终点是不够的,还必须研究过渡时期的起点。因此,在第一章就过渡时期的终点进行研究的基础上,本章将就过渡时期的起点展开进一步的分析。

(一)从直接过渡到迂回过渡

1. 马克思的直接过渡理论

马克思恩格斯曾经设想,无产阶级革命将首先在类似英国这样的发达资本主义国家爆发,夺取政权的无产阶级将直接采取措施,逐步过渡到共产主义(第一阶段)。在《共产主义信条草案》中,恩格斯在回答关于如何实现共产主义的问题时非常明确地指出:"废除私有财产,代之以财产公有。"①接着,在谈到无产阶级夺取政权之后应当如何保障无产阶级的生活时,恩格斯说:"一、限制私有财产,以便做到为私有财产逐渐转变为社会财产作好准备,例如实行累进税、对继承权实行有利于国家的限制,

---

① 《马克思恩格斯全集》第 42 卷,人民出版社,1979,第 373 页。

等等。"①在《共产主义原理》中,恩格斯指出:"如果不立即利用民主作为手段实行进一步的、直接侵犯私有制和保障无产阶级生存的各种措施,那么,这种民主对于无产阶级就毫无用处。"②在列举了过渡时期的 12 项措施之后,恩格斯接着说:"所有这一切措施不能一下子都实行起来,但是它们将一个跟着一个实行,只要向私有制一发起猛烈的进攻,无产阶级就要被迫继续向前迈进,把全部资本、全部农业、全部工业、全部运输业和全部交换都越来越多地集中在国家手里。"③在《共产党宣言》中,马克思恩格斯指出:"共产党人可以把自己的理论概括为一句话:消灭私有制。"④"无产阶级将利用自己的政治统治,一步一步地夺取资产阶级的全部资本,把一切生产工具集中在国家即组织成为统治阶级的无产阶级手里……要做到这一点,当然首先必须对所有权和资产阶级生产关系实行强制性的干涉……最先进的国家几乎都可以采取下

---

① 《马克思恩格斯全集》第 42 卷,人民出版社,1979,第 379 页。
② 《马克思恩格斯选集》第 1 卷,人民出版社,1995,第 239~240 页。
③ 《马克思恩格斯选集》第 1 卷,人民出版社,1995,第 240~241 页。
④ 《马克思恩格斯选集》第 1 卷,人民出版社,1995,第 286 页。

面的措施:1. 剥夺地产……2. 征收高额累进税。3. 废除继承权。"①在1850年3月写的《1848年至1850年的法兰西阶级斗争》中,马克思第一次科学地表述了无产阶级夺取政权后在社会的经济改造方面的任务,这就是"占有生产资料,使生产资料受联合起来的工人阶级支配,也就是消灭雇佣劳动、资本及其相互间的关系"。② 这一提法具有非常重要的意义,恩格斯1895年在为此书写的"导言"中做了这样的评价:"这里第一次表述了一个使现代工人社会主义既与形形色色封建的、资产阶级的、小资产阶级等等的社会主义截然不同,又与空想的以及自发的工人共产主义所提出的模糊的财产公有截然不同的原理。"③在《反杜林论》中,恩格斯指出:"国家真正作为整个社会的代表所采取的第一个行动,即以社会的名义占有生产资料,同时也是它作为国家所采取的最后一个独立行动。"④

① 《马克思恩格斯选集》第1卷,人民出版社,1995,第293页。
② 《马克思恩格斯选集》第1卷,人民出版社,1995,第409页。
③ 《马克思恩格斯选集》第4卷,人民出版社,1995,第509页。
④ 《马克思恩格斯选集》第3卷,人民出版社,1995,第631页。

马克思恩格斯在《共产党宣言》中，虽然指出向社会主义过渡的措施"在不同的国家里当然会是不同的"①，但这种"不同"是不可能超出"直接过渡"范围的，只不过是对私有制所采取的"限制""消灭"的方式、速度等的"不同"。也就是说，这种所谓"不同"，只不过是"直接过渡"这一普遍原则在不同国家的具体化，而不可能是对"直接过渡"这一普遍原则的根本改变。

这里需要指出，马克思恩格斯在19世纪70年代以后虽然研究了东方社会的发展道路问题，提出了落后国家向社会主义过渡的可能性问题，但关于落后国家究竟应该怎样过渡，他们并没有展开论述。他们虽然指出了这种过渡是有条件的，即一方面是西方无产阶级革命的榜样作用，另一方面是利用资本主义的肯定成果；但这里"肯定成果"也只能是社会化大生产、先进的科学技术等物质文化成果，而不可能是资本主义的生产关系的某些环节，因为在马克思恩格斯看来，未来社会是没有商品货币关系的，也只有这样理解才能达到和马克思的社会主

---

① 《马克思恩格斯选集》第1卷，人民出版社，1995，第293页。

义观在逻辑上的一致性。

2. 列宁的迂回过渡理论

起初,列宁也打算实行直接过渡,只是在直接过渡的措施碰壁后才转而实行新经济政策。新经济政策标志着列宁开始放弃直接过渡的理论,转而走上一条向社会主义过渡的新道路。

新经济政策包括两次退却:一次是 1921 年春由"战时共产主义"退到国家资本主义;一次是 1921 年秋由国家资本主义退到国家调节商业和货币流通。新经济政策的主要内容是:用粮食税代替余粮征集制;工业企业停止推行国有化;大力发展商业,建立工业和农业的结合点;加强对资本主义国家的经济交往与合作。

那么,是什么原因促使列宁实行了这一重大的政策转变呢?就客观方面来看,如上所述,战后苏维埃政权继续"战时共产主义"政策遭遇了空前严重的经济危机和政治危机。列宁通过阶级分析认识到,如不改变政策将失去广大工农群众,丢掉阶级基础。但是,只认识到这一点,还不足以从根本上改变过去的经济政策。这里起关键作用的是列宁和布尔什维克党的其他领导人指导思想上的根本转变。列宁在对"战时共产主义"政策进行深刻反思的基础上,认识到小农经济占优势的俄国不能直接过渡到社会主义,而只能采取迂回过渡的办法。正如列宁所指出的那样:"从资本主义向社会主义过渡可以有各种不同的形式,这要取决于国内是大资本主义关系占优势,还是小经济占优势……如果一个国家大工业占优势,或者即使不占优势,但是十分发达,而且农业中的大生产也很发达,那么直接向共产主义过渡是可能的。没有这种条件,向共产主义过渡在经济上是不可能的。"①"在一个小农生产者占人口大多数的国家里,实行社会主义革命必须通过一系列特殊的过渡办法,这些办法在工农业雇佣工人占大多数的发达的资本主义国家里,是完全不需要采用的……俄国的情况不同,这里产业工人仅占少数,而小农则占大多数。"②"我们用'强攻'办法即用最简单、迅速、直接的办法来实行社会主义的生产和分配原则的尝试已告失败……必须

---

① 《列宁全集》第 41 卷,人民出版社,1986,第 70 页。
② 《列宁全集》第 41 卷,人民出版社,1986,第 50~51 页。

退到国家资本主义的阵地上去,从'强攻'转为'围攻'。"①

新经济政策实施的效果非常明显,苏俄经济得到迅速的恢复和发展,政治稳定,民族团结,文化繁荣。新经济政策的意义就在于:以列宁为首的布尔什维克党,经过艰辛努力和曲折探索,终于成功地走出了一条落后国家向社会主义过渡的迂回道路,形成了一整套关于落后国家向社会主义过渡的理论,这是对马克思过渡时期理论的重要丰富和发展。

新经济政策的实质就在于承认落后国家不具备直接向社会主义过渡的条件,而必须另寻一条新的道路。列宁的新经济政策告诉我们:经济文化落后国家的无产阶级在革命的主客观条件具备的情况下可以率先夺取政权,这样做完全符合历史发展的辩证法;但是,由于过渡的起点发生了改变,因此,就不能简单照搬马克思的直接过渡理论来指导落后国家的过渡实践,否则就要犯教条主义的错误。

---

① 《列宁全集》第 42 卷,人民出版社,1986,第 225~226 页。

(二)落后国家向共产主义第一阶段过渡的长期性和阶段性

在马克思恩格斯看来,即使是以发达资本主义为起点的直接过渡也将是一个长期的和多阶段的历史过程。

在《1844年经济学哲学手稿》中,马克思就提出了过渡时期长期性的问题。[①] 同样的思想也表现在《共产主义原理》中,恩格斯在回答"能不能一下子就把私有制废除"时说:"不,不能,正像不能一下子就把现有的生产力扩大到为实行财产公有所必要的程度一样。因此,很可能就要来临的无产阶级革命,只能逐步改造现社会,只有创造了所必需的大量生产资料之后,才能废除私有制。"[②]实际上,这里的长期性认识不过是他们运用唯物史观基本原理来思考过渡时期问题的必然结论。在经历了1848年和1871年两次革命之后,马克思恩格斯对过渡时期长期性的认识得到进一步的深化和具体化,不仅进一步认识到过渡时期长期性的问题,而且还提出了过渡时期阶段

---

① 参见《马克思恩格斯全集》第42卷,人民出版社,1979,第140页。
② 《马克思恩格斯选集》第1卷,人民出版社,1995,第239页。

性的问题。在《法兰西内战》中，马克思指出："为了谋求自己的解放，并同时创造出现代社会在本身经济因素作用下不可遏止地向其趋归的那种更高形式，他们必须经过长期的斗争，必须经过一系列将把环境和人都加以改造的历史过程"；"工人阶级知道，他们必须经历阶级斗争的几个不同阶段。他们知道，以自由的联合的劳动条件去代替劳动受奴役的经济条件，只能随着时间的推进而逐步完成"；"目前'资本和地产的自然规律的自发作用'只有经过新条件的漫长发展过程才能被'自由的、联合的劳动的社会经济规律的自发作用'所代替，正如过去'奴隶制经济规律的自发作用'和'农奴制经济规律的自发作用'之被代替一样"。[①] 在《哥达纲领批判》中，马克思则进一步形象地把过渡时期称作"长久的阵痛"。[②]

这里需要说明，尽管认识到了过渡时期的长期性，但由于缺乏实践经验和受直接过渡思想的影响，他们所说的长期性不能不具有很大的局限性；但这种局限性丝毫

---

① 《马克思恩格斯选集》第 3 卷，人民出版社，1995，第 60、98、99 页。

② 《马克思恩格斯选集》第 3 卷，人民出版社，1995，第 305 页。

无损于马克思过渡时期理论的科学性。

　　早在十月革命前后，列宁就对过渡时期的必要性、长期性和阶段性有了比较系统的了解和深入的研究。他还通过进一步比较和研究资产阶级革命和社会主义革命的区别来说明过渡时期的必要性和长期性。他指出："资产阶级革命和社会主义革命的基本区别之一就在于：对于从封建制度中生长起来的资产阶级革命来说，还在旧制度内部，新的经济组织就逐渐形成起来，逐渐改变着封建社会的一切方面。资产阶级革命面前只有一个任务，就是扫除、屏弃、破坏旧社会的一切桎梏。任何资产阶级革命完成了这个任务，也就是完成它所应做的一切，即加强资本主义的发展。社会主义革命的情况却完全不同。由于历史进程的曲折而不得不开始社会主义革命的那个国家愈落后，它由旧的资本主义关系过渡到社会主义关系就愈困难。这里除破坏任务以外，还加上了一些空前困难的新任务，即组织任务。"①他不仅认识到了过渡时期的长期性，还认识到了过渡时期的阶段性。他指出："在完

---

　　① 《列宁全集》第34卷，人民出版社，1985，第3~4页。

全摆脱资本主义并开始向社会主义过渡的道路上,我们刚刚迈出了最初的几步。我们不知道,而且也不可能知道,过渡到社会主义还要经过多少阶段。"①需要指出,列宁在这一时期对过渡时期长期性和阶段性的认识仍然受到直接过渡思想的束缚,而一旦突破了直接过渡的旧思路,他对过渡时期长期性和阶段性的认识就有了新的进展。

在列宁看来,落后国家向社会主义过渡之所以是长期的、多阶段的、复杂的,主要是由过渡时期历史任务的多重性决定的。在向社会主义过渡的时期,落后国家不仅要经过一个对环境和人进行彻底改造的过程,即列宁说的"破坏任务";而且还要经过一个全面建设新社会的过程,即列宁说的"组织任务"。对旧的经济关系不仅要经过一个限制、改造和消灭的过程,还要首先经过一个利用的过程。也就是说,落后国家向社会主义过渡,不仅要经历一般发达国家过渡所必须经历的彻底改造旧社会和建设新社会的双重任务,而且还要额外地加上一个由于

---

① 《列宁全集》第 34 卷,人民出版社,1985,第 44 页。

经济文化落后而不得不经历的对旧的经济关系的利用过程。这样一来,落后国家向社会主义的过渡至少要经历如下几个阶段:利用(和限制)旧的经济关系的阶段——对环境和人进行彻底改造的阶段——建设新社会的阶段。这些任务也许是可以交叉进行的,而不是彼此孤立的;但这些任务对于落后国家来说一般是难以避免的。这就是说,直接过渡的阶段本来就是一个长期的历史过程;而落后国家连进行直接过渡的条件都不具备,还必须首先经历一个在一定程度上利用资本主义的长期的过程,才能够开始和发达国家一样的向共产主义第一阶段的过渡进程。

根据 20 世纪社会主义运动的经验教训,如果说发达国家向共产主义第一阶段过渡由两个阶段组成,即消灭剥削阶级阶段和消灭阶级阶段,用公式表示就是:发达国家的直接过渡 = 消灭剥削阶级阶段 + 消灭阶级阶段;那么,落后国家向共产主义第一阶段的迂回过渡就不仅包括消灭剥削阶级阶段和消灭阶级阶段,而且必须在这两个阶段之前首先经历一个利用资本主义的阶段,用公式表示就是:落后国家的迂回过渡 = 利用资本主义阶段 +

消灭剥削阶级阶段＋消灭阶级阶段。

又由于利用资本主义阶段实际上就是斯大林所说的多种经济成分并存的过渡时期和社会主义成分掌握着国民经济一切经济杠杆的过渡时期,斯大林的消灭剥削阶级阶段实际上就是两种公有制并存的阶段,他的下一阶段目标就是建立单一的全民所有制或国家所有制,因此,落后国家过渡的公式就可以进一步具体表述为:

落后国家的迂回过渡＝利用资本主义阶段＋消灭剥削阶级阶段＋消灭阶级阶段＝多种经济成分并存阶段＋公有制为主体、多种经济成分并存阶段＋两种公有制(全民所有制和集体所有制)并存阶段＋单一的全民或国家所有制阶段

也就是说,一般来说,落后国家只有在随着生产力水平的不断提高逐步经历这四个阶段后,才能进入马克思所说的共产主义社会第一阶段,才能开始实行社会所有制。

通过以上分析,我们可以得出以下几点认识。

第一,把现实社会主义定位在马克思所说的过渡

时期仍然是不够确切的,因为现实社会主义在许多方面仍然远远落后于发达资本主义。因此必须对此做出修改,才符合客观现实。由此可见,现实社会主义不仅不是马克思的共产主义第一阶段的初级阶段,也不是马克思的直接过渡的初级阶段,而只是列宁所说的迂回过渡的初级阶段。也就是上面公式中的"利用资本主义阶段"或"公有制为主体、多种经济成分并存阶段"。(此前的"多种经济成分并存阶段",如果就我国而言,则是具体指从新中国成立到1956年社会主义改造结束之前的几年。)

第二,列宁的新经济政策发展的还不是马克思的社会主义理论,而是发展的马克思的过渡时期理论;列宁关于落后国家不能直接过渡到社会主义,而必须采取一系列特殊办法实行迂回过渡的思想,是对马克思过渡时期理论的重大贡献和发展。[1] 关于这个问题,我们将在下一节集中展开讨论。

---

① 参见智效和《列宁是否改变了马克思的社会主义观》,《政治学研究》2002年第2期。

第三,因此应该用来指导现实各国社会主义实践的不仅不是马克思的共产主义第一阶段的理论(即社会所有制、无商品、无货币、无阶级、无国家的理论),也不是他的直接过渡理论(也就是逐步消灭私有制、消灭剥削阶级乃至消灭阶级的理论),而应该是列宁的迂回过渡理论(即公有制为主体、多种经济成分存在的阶段的理论)。因此,列宁的新经济政策理论仍然具有重要的现实指导意义。

(三)列宁新经济政策理论的现实意义

由于列宁的迂回过渡思想集中体现在他的新经济政策中,所以我们有必要在这里对列宁新经济政策的理论地位和现实指导意义做进一步的展开论述。

1. 列宁新经济政策的理论地位

关于列宁的新经济政策,理论界是存在不同看法的,因此这里有必要就此展开做些讨论。

长期以来,不少同志把列宁的新经济政策当作社会主义的政策。这既不符合历史实际,也不符合列宁的本意。这种看法的错误就在于:一方面,混淆了马克思主义关于过渡时期和共产主义社会第一阶段的界限,把过渡时期笼统地划归社会主义时期,似乎无产阶级一经夺取政权,无须经过过渡时期,就可以直接进入社会主义社会;另一方面,也同没有能够具体地分析和把握列宁在不同场合所使用的"社会主义""共产主义"这两个词的确切含义有关。

对于马克思的过渡时期理论,列宁不仅仅是一般的了解,还做过相当深入的研究。比如,列宁就曾经认真考察了马克思在《哥达纲领批判》中关于过渡时期的提法及其与以前提法的区别,并且明确指出了这种区别。他在《国家与革命》中写道:"从前,问题的提法是这样的:无产阶级为了求得自身的解放,应当推翻资产阶级,夺取政权,建立自己的革命专政。现在,问题的提法已有些不同了:从向着共产主义发展的资本主义社会过渡到共产主义社会,非经过一个'政治上的过渡时期'不可,而这个时期的国家只能是无产阶级的革命专政。"①他是决不可能认为俄国的无产阶级一经夺取政权就可以立即进入社会主义社会的。且不说列宁对俄国小农经济占优势的基本

① 《列宁选集》第 3 卷,人民出版社,1995,第 188 页。

国情有着相当深刻的了解,斯大林是在 1936 年全苏苏维埃第八次非常代表大会上所做的《关于苏联宪法草案》的报告中宣布苏联进入社会主义的。从 1917 年到 1936 年,这中间经过了整整 19 年的时间。斯大林是否过早地宣布苏联进入了社会主义社会,这是可以讨论的。但仅就斯大林宣布苏联进入社会主义的时间来看,可以证明,关于马克思恩格斯的过渡时期理论,不仅列宁,斯大林也是十分清楚的。那么,1917 年之后 1936 年之前的这 19 年时间怎么可能属于社会主义时期呢? 因此,新经济政策是从资本主义向社会主义过渡的政策,而不是社会主义社会的政策,这是显而易见的。列宁是不可能在尚未完成向社会主义过渡任务的情况下就去发展马克思的社会主义理论的。事实上,由于列宁 1924 年的早逝,他没有也不可能发展马克思的社会主义理论。因此,列宁发展的不是马克思的社会主义理论,而是发展的马克思的过渡时期理论。

有些同志不是把列宁的新经济政策当作"退却"的政策,而是当作"进攻"的政策。也就是说,不是把新经济政策当作国家资本主义的政策,而是当作社会主义改造的政策;不是当作迂回过渡的政策,而是当作直接过渡的政策。这种观点也是站不住脚的。列宁在反思"战时共产主义"政策时指出:"我们计划(说我们计划欠周地设想也许较确切)用无产阶级国家直接下命令的办法在一个小农国家里按共产主义原则来调整国家的产品生产和分配。现实生活说明我们错了。"①事实是,列宁本人多次明确称自己的新经济政策是"退却"的政策。他指出,正面攻击失败了,那我们就改用迂回的办法,采用围攻和对壕战。"今年春天我们改行新经济政策,退回到采用国家资本主义的经营手段、经营方式和经营方法,这种退却是否已经够了,以致可以停止退却而开始准备进攻呢?不,实际表明退得还不够";"我们应当认识到,我们还退得不够,必须再退,再后退,从国家资本主义转到由国家调节买卖和货币流通"。② 这就是说,新经济政策不仅不是社会主义社会的政策,也不是社会主义改造的政策即直接过渡的政策,而是迂回过渡的政策即国家资本主义

---

① 《列宁选集》第4卷,人民出版社,1995,第570页。
② 《列宁选集》第4卷,人民出版社,1995,第604、605页。

的政策。

也有的同志跑到另一个极端,把新经济政策说成是单纯的退却政策或逃跑的政策,也就是只有退却、没有进攻的政策。这种观点其实是路标转换派所宣扬的新经济政策不是策略,而是演变、蜕变的论调的翻版。他们只看到列宁在实行新经济政策过程中表现出的策略灵活性的一面,而忽视了其原则坚定性的一面。上述两种观点虽然表现形式不同,但其实质和结果没什么差别,都是把新经济政策中的资本主义当作社会主义。而事实上,列宁不仅把自己的新经济政策称作"退却";而且认为这种"退却"应当是清醒的、有原则的、有限度的、有秩序的、适时将转入反攻的退却。在列宁对新经济政策的阐释中,自始至终贯穿着退却与进攻的辩证法,这是无产阶级斗争策略的具体体现。列宁指出:我们现在退却,好像是在向后退,但是我们这样做是为了先后退几步,然后再起跑,更有力地向前跳。新经济政策实行以后,不少人纷纷写条子或打电话来问:"既然我们实行了新经济政策,我们这里能不能也改组一下?"针对这种追求一切都按新样子建立和赶浪头的倾向,列宁批评指出,现在"是中止神经过敏、大喊大叫和无谓奔忙的时候了"。"够了！退却所要达到的目的已经达到了。这个时期就要结束或已经结束。现在提出的是另一个目标，就是重新部署力量。"①

总之，列宁的新经济政策不仅不是社会主义社会的政策，也不是直接过渡即社会主义改造的政策，而是迂回过渡即利用资本主义的政策，是列宁和布尔什维克党经过艰辛探索终于找到的一条落后国家向社会主义过渡的新道路。列宁的新经济政策和迂回过渡理论对 20 世纪以来现实各国的社会主义实践仍然具有重要的指导意义。

2. 列宁新经济政策理论的主要内容

在国际共产主义运动的历史上，大多对列宁迂回过渡思想的理论地位和指导作用缺乏足够认识，基本上都是照搬马克思的直接过渡理论，很快就消灭了资本主义成分，脱离生产力的实际水平，单靠推进所有制和生产关系的变革来完成社会主义改造的任务，在一定程度上影

---

① 《列宁选集》第 4 卷，人民出版社，1995，第 676、672 页。

响了生产力的发展和人民生活水平的提高。中国特色的社会主义理论之所以管用，之所以有其现实合理性，就在于它是从实际出发的，是从中国的具体国情出发的。中国特色社会主义与新经济政策都是从落后国家的具体实际出发的，二者有一定的相通之处，那就是，不是消灭而是在一定程度上利用非公有制经济和商品货币关系，利用资本主义建设社会主义。

这里特别需要强调的是以下几点。

第一，新经济政策就是利用资本主义的政策。在新经济政策期间，列宁多次明确把自由贸易、企业出租等叫作资本主义。他指出："新经济政策就是以实物税代替余粮收集制，就是在很大程度上转而恢复资本主义……把企业租给私人资本家，这些都是直接恢复资本主义……在这种自由贸易的土壤上不可能不滋长资本主义。这是经济学初级读本教给我们的最基本的经济常识"；"我们在今年春天说，我们要用粮食税代替余粮收集制，要颁布法令，规定交纳粮食税以后剩下的粮食可以自由买卖。当时我们这样做，也就是使资本主义得到发展的自由。不明白这一点，就等于根本不懂得基本的经济关系，根本不可能认清形势和正确行动";"流转就是贸易自由,就是资本主义"。① 当然,这里需要指出,列宁的目的并不就是真的要发展到资本主义那里去;恰恰相反,列宁的目的在于利用资本主义发展社会主义。列宁不仅敢于承认新经济政策是退却的政策、利用资本主义的政策,而且强调一定要向广大群众说清楚这一点。他指出,"如果我们对自己、对工人阶级、对群众隐瞒这一点,那就等于承认我们根本没有觉悟,等于没有勇气正视现状"。② 联系列宁的论述,反思我们今天的现实,一些人非要把非公有制成分说成社会主义,对商品经济的消极作用避而不谈,这种现象不能不使人感到忧虑。

一个时期以来,我们常常把商品经济说成是一种手段,是中性的,即资本主义可以利用,社会主义也可以利用,既有资本主义商品经济,也有社会主义商品经济。这种说法也许具有政治意义,但的确存在一定的理论问题。现阶段应不应该发展和利用非公有制成分、商品经济是

---

① 《列宁选集》第4卷,人民出版社,1995,第576~577、608、524页。

② 《列宁选集》第4卷,人民出版社,1995,第606页。

一回事,而非公有制成分是不是社会主义的、商品经济会不会导致资本主义则是另一回事。我们既不能因为非公有制成分不是社会主义的、商品经济有可能导致资本主义,现阶段就拒绝发展和利用;同样,也不能因为现阶段仍然有必要发展和利用非公有制成分和商品经济,就硬是要改变非公有制成分的性质、淡化商品经济可能导致资本主义的危险性。如果这样,理论上只能越来越混乱,社会主义和资本主义就没有了任何界限。而更为严重的是,一旦认为非公有制成分就是社会主义、否认商品经济可能导致资本主义的危险性,就没有必要再对其采取限制和斗争措施了。由此造成的理论混乱和实践灾难将是不堪设想的。

第二,列宁不仅认识到利用资本主义的必要性,而且认识到利用资本主义的危险性。列宁指出:新经济政策所造成的情况,如小型商业企业的发展、国营企业的出租等,都意味着资本主义关系的发展,看不到这一点,那就是完全丧失了清醒的头脑。这个新经济政策所采取的每一个步骤都包含着许许多多的危险。"存在于我们中间的敌人就是无政府状态的资本主义和无政府状态的商品交换"。① 如果因为斗争的形式发生了变化,看不到过去的敌人了,就以为阶级斗争消失了,那将是十分危险的。

第三,新经济政策有两个方面,而不是只有一个方面。在1929年《论联共(布)党内的右倾》演说中,斯大林对新经济政策进行了全面、深刻的分析。他指出:"我们在1921年施行新经济政策的时候,是把它的锋芒指向战时共产主义,指向排斥任何私人贸易自由的制度和秩序的。我们过去和现在都认为新经济政策就是容许私人贸易的一定自由。这一方面布哈林记住了。""但是,布哈林认为新经济政策只有这一方面,那就错了。布哈林忘记了新经济政策还有另一方面。问题在于新经济政策决不是容许私人贸易完全自由,决不是容许在市场上自由玩弄价格。新经济政策是在保证国家对市场起调节作用的条件下容许私人贸易在一定限度、一定范围内的自由。这就是新经济政策的第二个方面。""只要新经济政策存在,就应当保存它的两个方面:第一个方面是反对战时共产主义制度,其目的是保证私人贸易的一定自由;第二个方面是反对私人贸

---

① 《列宁选集》第4卷,人民出版社,1995,第579页。

易完全自由,其目的是保证国家对市场起调节作用。取消这两个方面中的一个方面就不会有新经济政策。"①

第四,列宁认为利用资本主义的最好形式和办法是实行国家资本主义。他还指出,我们所能容纳的资本主义只是国家资本主义,而国家资本主义,就是我们能够加以限制、能够规定其范围的资本主义。这种国家资本主义,实际上也正是我党老一辈的经济工作卓越领导人陈云同志所主张的那种"鸟笼经济"。

我们一个时期以来受西方新自由主义的影响,经济领域出现了许多问题。"黑砖窑事件"、假冒伪劣、偷税漏税等都是新自由主义造成的恶果。实际上,新自由主义的经济政策早已被资本主义发展的历史证明是行不通的了,凯恩斯主义和罗斯福新政就是明证。

实践证明:过渡时期是一条双行道,既可以通往社会主义,也可以通往资本主义。② 如果不加限制,商品经济就只能通往资本主义。

---

① 《斯大林选集》(下),人民出版社,1979,第144~145页。
② 参见〔美〕保罗·斯威齐、〔法〕夏尔·贝特兰《论向社会主义过渡》,尚政译,商务印书馆,1975,第80、34~35页。

（四）如何科学看待现实社会主义与马克思的社会主义的关系

1. 科学理解准确把握社会主义初级阶段

党的十三大把现实中国社会所处的发展阶段定位为"社会主义初级阶段"，同时指出："这个论断，包括两层含义。第一，我国社会已经是社会主义社会。我们必须坚持而不能离开社会主义。第二，我国的社会主义社会还处在初级阶段。我们必须从这个实际出发，而不能超越这个阶段。"①那么，对社会主义初级阶段应该如何科学理解呢？

笔者以为，中国特色社会主义，首先是社会主义性质的。因为中国特色社会主义在共产党的领导、马克思主义的指导地位和公有制为主体等方面，坚持了科学社会主义的基本原则，因此中国特色社会主义的社会主义性质是不容否定的。但是，"社会主义初级阶段"里的"社会主义"还不是马克思所说的"共产主义第一阶段"的意思，"社会主义初级阶段"还不是马克思所说的"共产主义第

---

① 《十三大以来重要文献选编》上，人民出版社，1991，第9页。

一阶段"的初级阶段。正如列宁在《论粮食税》中所指出的那样:"看来,也没有一个共产主义者否认过'社会主义苏维埃共和国'这个名称是表明苏维埃政权有决心实现向社会主义的过渡,而决不是表明现在的经济制度就是社会主义制度。"①因为现实各国的社会主义,包括中国的社会主义在内,都远远没有完成马克思所说的过渡时期历史任务,实际上都是仍然处在过渡时期一定阶段的社会主义,还不是马克思所说的共产主义社会第一阶段(即列宁所说的社会主义)。因为马克思所说的共产主义第一阶段(即列宁说的社会主义)是已经没有了阶级、国家和商品经济的社会主义,是已经实现了生产资料的社会所有制的社会主义。

现实中国的社会主义不仅不是马克思所说的共产主义社会第一阶段即列宁所说的社会主义,也不同于斯大林、毛泽东时期的社会主义。因为斯大林和毛泽东时期的社会主义尽管还没有完成消灭阶级的历史任务,但已经是没有了剥削和剥削阶级的。也就是说,斯大林、毛泽

① 《列宁选集》第 4 卷,人民出版社,1995,第 490 页。

东的社会主义是已经消灭了剥削阶级、尚未消灭阶级的社会主义。这样的社会主义本来就不同于马克思的共产主义社会第一阶段或列宁的社会主义；而现实中国的社会主义不仅不同于马克思的共产主义社会第一阶段即列宁的社会主义，也不同于斯大林、毛泽东的社会主义。因为现实中国的社会主义不仅没有完成消灭阶级的历史任务，而且也没有完成消灭剥削的任务。因此，现实中国的社会主义离马克思所说的共产主义社会第一阶段或列宁所说的社会主义还有相当遥远的距离。中国特色社会主义与马克思的共产主义第一阶段是处在两个不同发展阶段的社会主义。

马克思的共产主义理论为中国特色社会主义指明了前进的方向；丢掉共产主义的远大理想，中国特色社会主义就会失去前进的动力，就会迷失方向。中国特色社会主义是通往共产主义的一个重要阶段；在社会主义初级阶段，如果不脚踏实地地建设好中国特色社会主义，首先实现中华民族伟大复兴的中国梦，就不是在为逐步过渡到马克思的共产主义第一阶段，并进而实现"各尽所能，按需分配"的共产主义高级阶段而努力。

2. 关于现实社会主义的国内外研究现状

（1）国内关于现实社会主义的研究现状

在我国，理论界关于现实社会主义的不同理解主要有以下三种说法。

第一是新民主主义"复归说"。这种观点以杨家志为代表，他从 1994 年开始陆续发表论文，提出社会主义初级阶段是新民主主义社会的复归。这种观点认为，社会主义初级阶段本质上只是一个坚持社会主义的方向但还没有能力消灭资本主义的历史阶段，在社会基本属性上明显地表现为毛泽东在 20 世纪 40 年代倡导的新民主主义经济形态的复归。①

------

① 杨家志：《社会主义初级阶段与新民主主义发展模式的复归》，《中南财经大学学报》1994 年第 5 期。杨家志此后又发表多篇论文，如《"复归说"与当代中国方程式的解》，《中南财经大学学报》1996年第 1 期等，系统论证"复归说"。"复归说"提出后，在学术界引起强烈反响，直接参与讨论的论文有：朱延福《历史的轨迹与未来的坐标》，毛磊、王丽荣《新民主主义理论研究的新开拓》，秦贤正《历史从哪里割断，仍需从那里再接起来——评杨家志同志的"复归说"》，《中南财经大学学报》1996 年第 3 期；赵德馨《何谓"复归"——我与杨家志教授的学术切磋》，《中南财经大学学报》1997年第 1 期；刘宝三《从"巩固新民主主义制度"的争论看"复归说"的讨论》，《中南财经大学学报》1998 年第 5 期；徐崇温《论社会主义初级阶段与新民主主义的区别》，《理论前沿》1999 年第 19 期。

还有论者进一步指出：由于无法从经济结构上将新民主主义与我们今天所处的社会主义初级阶段区别开来，应把新民主主义社会理解为社会主义的某种阶段或某种形式；主要理由是新民主主义社会是一个以公有制为主体的社会。①

第二是"特殊历史形态"说。② 这种观点的代表是赵尚东、陈文通等。论者认为，有中国特色的社会主义不同于马恩设想的社会主义，是一种特殊历史形态的社会主义。这种特殊历史形态的社会主义不是产生于资本主义生产方式历史任务完成之后，而是产生于资本主义生产力及其生产方式充分发展之前，不是资本主义的直接对立物，与马克思所说的科学社会主义具有质的差别。论者还进一步指出，社会主义初级阶段就是"后发展国家社会主义的最初阶段"。社会主义初级阶段与新民主主义

① 胡岩：《新民主主义再认识》，《当代世界社会主义问题》2001 年第 1 期。

② 参见赵尚东《中国特色社会主义是一种特殊历史形态的社会主义》，《社会主义研究》2000 年第 3 期；陈文通《当前中国重大经济问题探索》，中国农业出版社，2000。

社会不是两个前后不同的阶段,而是同一个阶段。社会主义初级阶段"是和当代资本主义并行的阶段",二者"产生于大体相同的母体,处在大体相同的历史时代,完成大体相同的历史任务"。

第三是"过渡时期说"。这种观点的代表是智效和、汤在新、金重、成保良等。这种观点认为:现实社会主义是尚未完成马克思所说的过渡时期历史任务的社会主义,还不是马克思的共产主义社会第一阶段或列宁所说的社会主义,而只不过仍然处在马克思说的过渡时期的一个比较初级的阶段。[①] 金重从五个方面比较了斯大林讲的社会主义与马克思讲的社会主义的差别:斯大林大大降低了马克思为社会主义制定的生产力标准;在经济结构上,斯大林用"国家的即全民的所有制"+"集体农庄的所有制"的公式代替了马克思所说的"社会所有";在阶级结构上,斯大林用"工人阶级+农民阶级+知识分子"

---

① 智效和:《辩证马克思的社会主义观》,《经济科学》2002 年第 4 期;《列宁是否改变了马克思的社会主义观》,《政治学研究》2002 年第 2 期;《斯大林的社会主义观与现实社会主义》,《海派经济学》2003 年卷第 3 辑。

的公式代替了马克思所说的"无阶级";在商品货币问题上,斯大林用"特种商品生产"论代替了马克思的商品货币消亡论;在政治国家问题上,斯大林用工人阶级专政制度"保留"论代替了马克思的国家消亡论。[①] 成保良认为,在我国,原先讲的过渡时期和现在讲的社会主义初级阶段"在性质上是相近或相同的","过渡时期就是社会主义初级阶段,社会主义初级阶段就是过渡时期"。[②]

(2)国外关于现实社会主义所处发展阶段的认识

就国外来说,一些社会主义国家在总结经验教训的基础上对过渡时期有了更加深入的认识。1986年老挝人民革命党召开四大,明确老挝革命的目标是要实现社会主义,但目前不具备建设社会主义的物质基础,仍然处于"向社会主义过渡的初级阶段";1991年老挝党召开五大,重申了对老挝所处历史阶段的论述。[③] 1986年越共

---

① 金重:《对斯大林宣布"基本实现"社会主义的反思》,《北京大学学报》(哲学社会科学版)1989年第3期。

② 成保良:《社会主义社会概念和社会主义初级阶段地位之我见》,《经济学家》2001年第2期。

③ 肖枫主编《社会主义向何处去——冷战后世界社会主义大扫描》,当代世界出版社,1999,第459~460页。

六大指出,越南当时是处于"过渡时期的初级阶段";1991年越共七大认为,越南向社会主义过渡是一个长期的过程,将分为许多阶段①;2001年召开的越共九大重申,建设社会主义、跨越资本主义是一项艰巨复杂的事业,必然需要有许多过渡阶段组成的较长的过渡时期和各种社会经济组织形式。② 波兰1986年通过的党纲写道:波兰"正处在从资本主义社会向社会主义社会过渡时期的最后阶段";匈牙利社会主义工人党政治局委员、中央书记拜赖茨·亚诺什1988年9月1日指出:"事实表明……我们所处的时期是从资本主义向社会主义过渡的历史进程的一部分";苏联科索拉波夫教授认为,苏联仍处于过渡时期。③

其实,上述国内外研究,尽管表述方式不同,但都有一个共同点,那就是:现实社会主义还不是马克思所说的

---

① 肖枫主编《社会主义向何处去——冷战后世界社会主义大扫描》,当代世界出版社,1999,第419、420页。

② 崔桂田:《越共把马克思主义与本国国情相结合的探索》,《当代世界社会主义问题》2002年第1期。

③ 金重:《对斯大林宣布"基本实现"社会主义的反思》,《北京大学学报》(哲学社会科学版)1989年第3期。

共产主义社会第一阶段,而是共产主义社会第一阶段之前的一个阶段。我们既不能借口现实社会主义还没有达到马克思的共产主义第一阶段,就否认现实各社会主义国家的社会主义性质;也不能因为承认现实社会主义国家的社会主义性质,而混淆社会主义初级阶段与共产主义第一阶段的界限。搞清楚这个问题,不仅对增强人们中国特色社会主义道路自信、理论自信、制度自信和文化自信具有重要现实实践意义,而且对广大党员和群众树立共产主义的远大理想具有长远理论意义。

居安思危·世界社会主义小丛书
（已出书目）

编号	作者	书 名	审稿人
1	李慎明	忧患百姓忧患党 ——毛泽东关于党不变质思想探寻	侯惠勤
2	陈之骅	俄国十月社会主义革命	王正泉
3	毛相麟	古巴：本土的可行的社会主义	徐世澄
4	徐世澄	当代拉丁美洲的社会主义思潮与实践	毛相麟
5	姜 辉 于海青	西方世界中的社会主义思潮	徐崇温
6	何秉孟 李 千	新自由主义评析	王立强
7	周新城	民主社会主义评析	陈之骅
8	梁 柱	历史虚无主义评析	张树华
9	汪亭友	"普世价值"评析	周新城
10	王正泉	戈尔巴乔夫与"人道的民主的社会主义"	陈之骅

编号	作者	书　名	审稿人
11	王伟光	马克思主义与社会主义的历史命运	侯惠勤
12	李慎明	居安思危：苏共亡党的历史教训	课题组
13	李　捷	毛泽东对新中国的历史贡献	陈之骅
14	靳辉明 李瑞琴	《共产党宣言》与世界社会主义	陈之骅
15	李崇富	毛泽东与马克思主义中国化	樊建新
16	罗文东	中国特色社会主义理论与实践	姜　辉
17	吴恩远	苏联历史几个争论焦点真相	张树华
18	张树华 单　超	俄罗斯的私有化	周新城
19	谷源洋	越南社会主义定向革新	张加祥
20	朱继东	查韦斯的"21世纪社会主义"	徐世澄
21	卫建林	全球化与共产党	姜　辉
22	徐崇温	怎样认识民主社会主义	陈之骅
23	王伟光	谈谈民主、国家、阶级和专政	姜　辉

编号	作者	书　名	审稿人
24	刘国光	中国经济体制改革的方向问题	樊建新
25	有林 等	抽象的人性论剖析	李崇富
26	侯惠勤	中国道路和中国模式	李崇富
27	周新城	社会主义在探索中不断前进	陈之骅
28	顾玉兰	列宁帝国主义论及其当代价值	姜　辉
29	刘淑春	俄罗斯联邦共产党二十年	陈之骅
30	柴尚金	老挝:在革新中腾飞	陈定辉
31	迟方旭	建国后毛泽东对中国法治建设的创造性贡献	樊建新
32	李艳艳	西方文明东进战略与中国应对	于　沛
33	王伟光	纵论意识形态问题	姜　辉
34	朱佳木	中国特色社会主义纵横谈	朱峻峰
35	姜　辉	21世纪世界社会主义的新特点	陈之骅
36	樊建新	我国社会主义初级阶段的基本经济制度	周新城

编号	作者	书 名	审稿人
37	周新城	当代中国马克思主义政治经济学的若干理论问题	樊建新
38	赵常庆	社会主义在哈萨克斯坦的兴衰	陈之骅
39	李东朗	中国共产党是抗日战争的中流砥柱	张海鹏
40	王正泉	苏联伟大卫国战争	陈之骅
41	于海青 童 晋	欧洲共产党与反法西斯抵抗运动 ——镌刻史册的伟大贡献	姜 辉
42	张 剑	社会主义与生态文明	李崇富
43	王伟光	新时代中国特色社会主义的理论成果	陈之骅
44	朱佳木	同历史虚无主义思潮斗争的有力思想武器	朱峻峰
45	程恩富 段学慧	《资本论》与社会主义建设	周新城
46	李崇富	谈谈列宁主义	陈之骅
47	张树华	苏联共产党意识形态工作的教训	吴恩远

图书在版编目（CIP）数据

马克思的社会主义观／石镇平著 . -- 北京：社会
科学文献出版社，2018.5
（居安思危·世界社会主义小丛书）
ISBN 978 - 7 - 5201 - 2165 - 1

Ⅰ.①马…　Ⅱ.①石…　Ⅲ.①马克思主义 - 科学社会
主义理论 - 理论研究　Ⅳ.①A811.64

中国版本图书馆 CIP 数据核字（2018）第 016166 号

居安思危·世界社会主义小丛书
马克思的社会主义观

著　　者／石镇平

出 版 人／谢寿光
项目统筹／祝得彬
责任编辑／仇　扬

出　　版／社会科学文献出版社 · 马克思主义编辑部 （010）59367004
　　　　　地址：北京市北三环中路甲 29 号院华龙大厦　邮编：100029
　　　　　网址：www. ssap. com. cn
发　　行／市场营销中心（010）59367081　59367018
印　　装／北京印刷集团有限责任公司

规　　格／开　本：787mm × 1092mm　1/32
　　　　　印　张：3.75　字　数：56 千字
版　　次／2018 年 5 月第 1 版　2018 年 5 月第 1 次印刷
书　　号／ISBN 978 - 7 - 5201 - 2165 - 1
定　　价／20.00 元